人才
画像、测评、盘点、管理
完全应用手册

李康胜 著

天津出版传媒集团

天津科学技术出版社

图书在版编目（CIP）数据

人才画像、测评、盘点、管理完全应用手册 / 李康胜著. -- 天津：天津科学技术出版社，2025. 4.
ISBN 978-7-5742-2705-7

Ⅰ．F272.92-62

中国国家版本馆CIP数据核字第2025418HX3号

人才画像、测评、盘点、管理完全应用手册
RENCAI HUAXIANG、CEPING、PANDIAN、GUANLI WANQUAN YINGYONG SHOUCE

责任编辑：吴丹丹

出　　版：	天津出版传媒集团 天津科学技术出版社
地　　址：	天津市西康路35号
邮　　编：	300051
电　　话：	(022) 23332695
发　　行：	新华书店经销
印　　刷：	水印书香（唐山）印刷有限公司

开本 670×950　1/16　印张 12　字数 130 000
2025年4月第1版第1次印刷
定价：49.80元

前言

　　人才是企业最宝贵的资源。在竞争日益激烈的商业环境中，高效的人才管理已成为推动企业持续发展的关键因素。正如管理大师彼得·德鲁克所言："21世纪的竞争是人才的竞争。"优秀的人才不仅能为企业带来创新的思路、出色的绩效，更能在困境中带领企业突围，使企业转危为安。因此，如何有效地吸引、发展和留住人才，已成为每一位企业管理者必须思考和面对的重大课题。

　　人才管理既是一门艺术，也是一门科学。它涉及经济学、管理学、心理学等多个学科领域，需要管理者具备战略眼光与系统思维。传统的人才管理往往局限于招聘、培训等单一职能，难以适应当今复杂多变的商业生态。现代人才管理则强调全方位、多维度、动态化的思路，从人才画像、测评、盘点，到招聘选拔、绩效评估，再到培养发展、留任激励，整个流程环环相扣。并且，人才管理不仅关注人才个体，更注重人才生态系统的培育；不仅重视短期绩效，更看重可持续发展。唯有如此，才能真正实现"以人为本"，将人才优势转化为企业的优势。

　　纵观成功企业的人才实践，我们不难发现一些共通的精髓与原则。谷歌、亚马逊等科技巨头之所以能成为人才汇聚的高地，靠的是开放包容的文化氛围、持续学习的成长机会、灵活自主的工作方式；海尔、华为等本土企业，之所以能在全球化浪潮中拔得头筹，依靠的是"人人都是人才"的理念、内部创业的机制、赋能于员工的平台……这些优秀的企业无不体现人才管理的核心要义：强调以人为本、注重学习发展、追求公平透明、鼓励多元融合、保持动态创新。唯有将这些理念内化于企业的血脉，外化于管理的实践，方能形成"人才生生不息、企业基业长青"的良性循环。

本书正是基于上述背景，进行深入的思考，提炼并系统化了人才管理的理论精华和实践经验。作为一本全面、系统的应用型手册，本书从人才管理概述、需求画像、评估测评、招聘选拔、盘点与培养、流失管控等版块入手，结合丰富、生动的案例，为企业管理者和人力资源从业者提供了一套科学实用的工具。同时，本书立足中国本土实际，兼顾国际前沿趋势，对人才管理面临的伦理挑战、全球化难题、数字化冲击、跨代沟管理等新兴议题进行了深入剖析，在理论高度和实践深度上都有诸多创新和突破。

当前，经济下行、人口老龄化等因素正深刻影响并重塑人才管理的生态。危与机同生并存，后疫情时代也蕴藏着人才管理的新路径与新可能，远程办公正成为新的工作常态。这份工作对于自己的意义，企业文化是否与自己契合，背景多元化团队的包容性……这些因素对于企业对人才的吸引力的影响日益凸显。

只有求新、求变，企业方能立于潮头。唯有顺应时代的趋势，创新人才管理思路，重塑组织形态，打造共创、共享的人才生态，企业才能在危机中育先机、于变局中开新局。

展望未来，人才战略与科技创新的深度融合必将成为大势所趋。人工智能、大数据等新兴技术将在人才管理领域大放异彩。线上招聘、虚拟面试、智能画像、数字化赋能……技术驱动下的人才管理，必将更加高效、精准、多元、灵活。然而，任何创新都绕不开以人为本的核心，都需要回归到人的内在需求、价值取向和发展愿景。正如世界管理大师彼得·圣吉所言，"没有学习的组织，就没有卓越的未来"。企业只有与员工携手、共同成长，方能基业长青。

希望本书能为正在人才管理道路上探索前行的您带来启发，成为您案头的实用工具。

目录

第1章 人才管理概述

1.1 人才管理的重要性与挑战　　002
1.2 经济学与管理学视角下的人才管理　　005
　　1.2.1 经济学视角：人才是稀缺资源，要做到最优配置　　005
　　1.2.2 管理学视角下的人才管理　　007
　　1.2.3 经济学与管理学相结合进行人才管理　　008
1.3 人才管理的核心原则　　010
1.4 建立高效的人才管理体系的关键要素　　013

第2章 人才需求与人才画像构建

2.1 数据驱动的企业人才需求分析　　019
2.2 如何构建人才画像　　026
2.3 如何构建适应企业发展的人才画像　　030
2.4 人才画像的应用推广与持续修正　　037
　　2.4.1 应用人才画像的步骤和方法　　037
　　2.4.2 应用过程中持续修正人才画像　　039

第 3 章 人才测评与能力评估

3.1 常用的人才测评工具　　　　　　　　　　047
　　3.1.1 心理测验　　　　　　　　　　　　047
　　3.1.2 情商测评　　　　　　　　　　　　049
　　3.1.3 绩效评估工具　　　　　　　　　　049
　　3.1.4 动机测验　　　　　　　　　　　　050
　　3.1.5 其他类型的测验　　　　　　　　　051
3.2 编制有效的人才测评常模　　　　　　　　053
3.3 实施全面的能力测评流程　　　　　　　　057
3.4 利用测评结果指导人才招聘与发展　　　　063

第 4 章 人才招聘与选拔

4.1 如何制定招聘策略与流程　　　　　　　　069
　　4.1.1 制定科学的招聘策略　　　　　　　069
　　4.1.2 优化招聘流程，精准匹配人岗　　　070
　　4.1.3 持续优化，探索招聘新趋势　　　　071
4.2 有效利用招聘渠道　　　　　　　　　　　073
4.3 面试技巧与评估方法　　　　　　　　　　077
　　4.3.1 面试的目的与类型　　　　　　　　077
　　4.3.2 有效面试的 STAR 法则　　　　　　079
　　4.3.3 基于面试的人才测评方法　　　　　080
4.4 选拔优秀人才的关键因素　　　　　　　　084

第 5 章

人才盘点与培养

5.1 盘点人才池，赋活员工 　　　　　　　　　　　　093
5.2 人才盘点常用的工具与模型 　　　　　　　　　　097
5.3 制订高潜力员工个性化培训计划 　　　　　　　　103
5.4 跨部门合作与知识分享 　　　　　　　　　　　　111
　　5.4.1 跨部门合作的意义 　　　　　　　　　　　　111
　　5.4.2 知识分享的价值 　　　　　　　　　　　　　112
　　5.4.3 构建跨部门知识分享体系 　　　　　　　　　113

第 6 章

人才流失与留存

6.1 识别人才流失的预警信号 　　　　　　　　　　　119
6.2 人才流失多维归因 　　　　　　　　　　　　　　122
6.3 制定留才策略，控制离职风险 　　　　　　　　　125
6.4 建立员工福利制度与企业文化 　　　　　　　　　128

第 7 章

人才管理的法律与伦理

7.1 了解人才管理的相关法律法规 　　　　　　　　　135
7.2 保护员工权益 　　　　　　　　　　　　　　　　138
　　7.2.1 建立健全员工权益保护制度体系 　　　　　　138
　　7.2.2 强化员工权益保护制度落实 　　　　　　　　140
7.3 人才管理中的伦理问题 　　　　　　　　　　　　143

    7.3.1 树立正确的人才管理伦理观念   143
    7.3.2 加强人才管理全流程的伦理风险防控   144
    7.3.3 加强人才管理伦理的教育培训   147
  7.4 建立企业良好的社会责任意识和形象   149
    7.4.1 将社会责任融入企业发展战略   149
    7.4.2 建立企业良好的社会责任形象策略   151

第8章　技术与人才管理的融合

  8.1 工作新常态——远程工作   157
    8.1.1 远程工作和虚拟团队   157
    8.1.2 远程工作和虚拟团队的优势   158
    8.1.3 虚拟团队和远程工作对人才管理产生的挑战   159
    8.1.4 应对远程工作挑战的人才管理策略   159
  8.2 数字化时代下的人才管理新趋势   161
  8.3 整顿职场？"Z 世代"人才管理变革   164
  8.4 数字化时代人才管理面临的挑战   168

第9章　人才管理的未来发展趋势

  9.1 人才管理在全球化时代的挑战与机遇   173
  9.2 人才管理理念的革新与升华   175
  9.3 老龄化时代下人才管理困境   178
  9.4 人才管理领域的热点问题与前沿研究   182

第1章
人才管理概述

人才

画像

测评

盘点

管理完全
应用手册

1.1 人才管理的重要性与挑战

人才被认为是企业最宝贵的资产,这已经成为共识。与传统的物质资产相比,人才具有更高的灵活性、开拓性和创造力,能够为企业带来更持久的竞争优势。优秀的人才可使企业不断创新,并为企业创造价值,促进企业长期、健康发展。

人才管理是现代企业管理的重要组成部分,人力资源管理（Human Resource Management,简称HRM）强调将人力资源视为企业最重要的资产,并通过科学的方法来吸引、培养、激励和管理员工,以实现企业的战略目标。

人才管理涉及人才识别与选拔、绩效管理、薪酬管理、员工关系、员工培训和发展等方面。现代人才识别与选拔理论强调通过科学的方法评估和选择适合相关岗位的人才,以确保员工和岗位的匹配度以及出色的工作效率;绩效管理理论强调建立科学的绩效评价体系,激励员工提高工作绩效和发挥潜力;薪酬管理理论则关注设计合理的薪酬体系，以吸引和激励优秀人才……人才管理是一门综合性应用学科，涉及组织行为学、心理学、经济学等多个学科领域。通过运用科学的方法和理论，企业可以更好地管理和利用人力资源，提高企业的竞争力和持续发展能力。

在当今竞争激烈的商业环境中，人才管理的重要性愈发凸显。企业面临诸多挑战，包括人才稀缺、市场竞争激烈以及市场需求变化快等。为了应对这些挑战，有效的人才管理至关重要，它不仅是企业的一项战略，更是企业成功的关键因素之一。

知名人力资源管理专家戴夫·乌尔里克（Dave Ulrich）曾提出人力资源价值主张（HR Value Proposition），强调人才管理的重要性。乌尔里克认为，人力资源管理的目标是为组织创造价值，实现组织的战略目标。他将人力资源管理分为四个角色：战略伙伴、行为专家、服务提供者和组织变革者。其中，对于战略伙伴角色，乌尔里克强调人力资源部门与业务部门紧密合作，共同制定和实施人力资源战略，以支持组织实现战略目标。而人才管理被视为战略伙伴角色的核心内容之一。他强调人才管理在实现组织战略目标中的重要性，认为人才管理不仅仅是招聘和培训员工，更要关注如何吸引、发展和留住组织需要的人才，以支持组织的长期发展和保持竞争优势。

关于人才管理对于组织的重要性方面，我们还可以通过一些著名的实验和企业案例来加以佐证。霍桑实验就是一个著名的案例。这个实验说明了人文关怀和员工心理健康对于提高工作效率的重要性，表明正确的人才管理策略对员工工作动力和绩效的影响。谷歌公司也是一个成功的人才管理典范。谷歌以其开放、创新的企业文化吸引了全球的顶尖人才，并且它非常注重员工成长和幸福感。谷歌的成功经验告诉我们，良好的企业文化和人才管理策略能够吸引并留住优秀人才，为企业的长期发展奠定基础。

然而，人才管理也面临着诸多挑战。首先，人才稀缺和竞争激烈已经成为现实。在全球化和信息化时代，为了将优秀人才收至麾下，企业间的竞争异常激烈。其次，多元化和全球化对管理带来了挑战。越来越多的企业员工来自不同文化背景，拥有不同的价值观和工作习惯，对于员工背景多元化和文化多元化的团队如何进行有效的管理，成为企业面临的新挑战。最后，快速变化的市场环境也给人才管理带来了不确定性。市场竞争的加剧和技术的快速更新迫使企业需要更快地适应变化，人才管理也需要与时俱进，及时调整策略和方法。

面对以上这些挑战，企业需要不断探索和创新，寻找适合自身发展的人才管理模式和方法。本书将深入探讨各种人才管理技术和实践，为企业管理者提供人才管理方面的方案，助力企业在激烈的市场竞争中脱颖而出。愿企业能够吸引并留住优秀的人才，创造出辉煌的未来。

1.2 经济学与管理学视角下的人才管理

人才管理是企业成功的关键要素之一。经济学和管理学分别为我们提供了不同但互补的视角来解读人才管理，优化管理过程。经济学注重资源配置、激励机制和市场行为；而管理学则关注组织行为、领导力和战略规划。本节将从这两个视角探讨人才管理的概念和核心过程。

1.2.1 经济学视角：人才是稀缺资源，要做到最优配置

在经济学视角下，人才是一种稀缺资源。与土地、资本等传统生产要素相比，优秀的人才往往更加稀缺和具有不可替代性。因此，如何在有限的人才资源约束下实现人才的最优配置，成为经济学视角下开展人才管理的核心命题。以下是经济学视角下进行人才管理

的几个关键方面。

1. 劳动力市场与供需分析

劳动力市场是人才管理的重要基础。通过供需分析，可以了解不同技能和经验的劳动力在市场上的供给和需求情况。供给分析可以评估市场上可供选择的人才的数量和质量，了解人才的教育背景、工作经验和职业技能等。需求分析可以对企业不同岗位和技能的需求进行评估，预测企业未来的人才需求趋势，有助于企业制定有效的招聘策略和薪酬制度等。

2. 人才的激励机制

激励机制在经济学中占有重要地位。经济学的激励理论强调，要想充分调动人才的积极性和创造性，就必须在物质和精神两方面给予适当激励。而在设计有效的激励机制时，需要考虑人才的需求层次、个性差异等因素，采取差异化激励策略，让人才各尽其才、各得其所。企业需要通过合理的激励措施吸引和留住优秀人才，包括薪酬、福利、晋升机会和工作环境等。

3. 成本效益分析

经济学强调成本效益分析。交易成本理论指出，企业与人才之间的雇佣关系，本质上是一种契约关系，需要考虑人才的机会主义倾向和企业的监管成本。因此，在人才管理中要注重人才契约的设计和优化，通过科学的绩效考核、权责界定等手段，降低人才管理的成本。人才管理成本包括招聘成本、培训成本、员工流失成本等。

1.2.2 管理学视角下的人才管理

管理学视角下的人才管理更加关注企业文化、员工行为、领导力、战略规划和团队管理等。以下是管理学视角下进行人才管理的几个关键方面。

1. 企业文化

企业文化是企业的灵魂和基因。基于企业文化理论，人才管理要注重与企业文化的融合，用文化的力量凝聚人心、提升认同感，激发人才的使命感和主人翁精神，使个人发展与企业发展形成命运共同体。

2. 领导力

管理学视角下的人才管理，重点关注领导人才的选拔和培养。通过领导力发展项目、继任计划等，提升领导者的战略思维、变革能力、沟通协作等素质，这些技能和素质直接影响领导力的有效性。此外，不同的领导风格（如变革型领导、交易型领导）对团队的影响不同，企业应根据实际情况选择合适的领导风格。

3. 团队管理

团队管理是提高企业效率和创新能力的重要手段。有效的团队管理需要关注团队的构建、沟通和协作。要根据项目需求和成员特点，组建多样化的团队，发挥每个人的长处。此外，良好的团队管理需要建立良好的沟通渠道和协作机制，促进团队内的信息共享和团队合作。

1.2.3 经济学与管理学相结合进行人才管理

虽然经济学和管理学在方法和关注点上有所不同，但二者在人才管理中亦有部分重叠，并可以互为补充。以下是一些将二者相结合的具体策略。

1. 数据驱动的决策

经济学和管理学都强调数据的重要性。通过对数据进行分析，企业可以更好地了解市场趋势、员工的行为和绩效，将数据放入经济学中的供需模型，分析劳动力市场的动态，预测未来的人才需求。

2. 综合激励机制

将经济学中的激励理论与管理学中的领导力和企业文化结合，设计综合性的激励机制，物质激励与非物质激励相结合，既关注薪酬和福利，又重视员工的职业发展、工作环境和企业文化。并且，根据不同员工的需求和期望，提供定制化激励措施。

3. 资源优化配置

利用经济学的成本效益分析和管理学的战略规划，实现资源的优化配置。

例如，通过经济学的成本效益分析，优化招聘和培训流程，降低成本，提高效率；根据管理学的组织行为理论，设计符合员工技能和兴趣的岗位，提高员工的工作满意度和生产力。

4. 动态调整与持续改进

将经济学的动态调整理论和管理学的持续改进理念相结合，不断优化人才管理策略。

从经济学和管理学的视角来看，人才管理是一个需要动态调整和持续改进的系统。经济学提供了关于资源配置和激励机制的理论框架，而管理学则提供了关于组织行为、领导力和战略规划的实践指南。通过将这两种视角结合后进行人才管理，企业可以更有效地吸引、激励和留住优秀的人才，进而实现长期的成功和可持续发展。

人才管理是企业战略的重要组成部分。企业只有充分利用经济学和管理学的理论和方法，才能在激烈的市场竞争中脱颖而出，赢得未来。

1.3 人才管理的核心原则

在当今竞争激烈的商业环境中，企业要想脱颖而出，卓越的人才管理必不可少。人才管理不仅仅是培训和命令，更是一套系统的方法，旨在吸引、发展和留住优秀人才。本节探讨人才管理的核心原则，并通过生动的例子展示这些原则如何在实际工作中发挥作用。

1. 以人为本的原则

以人为本是人才管理的首要原则，意味着企业不仅要关注员工的工作绩效，还要关心员工的个人需求和职业发展。谷歌因其卓越的员工福利和工作环境而闻名。公司提供免费的餐饮、健身房、医疗服务等，并实行灵活的工作时间。这些措施不仅提升了员工的工作满意度，也增强了员工的归属感和忠诚度。谷歌的成功证明了以人为本的管理理念能够吸引和留住顶尖人才。

2. 给员工提供学习与发展机会的原则

在快速变化的商业世界中，持续学习和发展是保持竞争力的关键。企业应当为员工提供不断学习和提升技能的机会。比如，亚马逊

（Amazon）公司为时薪工提供"Career Choice"计划，为时薪工支付高达95%的学费、课本费和相关费用，支持时薪工在高需求领域（如医疗技术、法律和人工智能等方面）培养自己的技能。公司这样做，不仅可以帮助员工提升技能，增强员工的职业发展前景，也可以为公司培养更多高素质人才。

3. 公平与透明原则

公平与透明原则是建立信任和激励员工的基础。企业应当在招聘、薪酬、绩效评估和晋升等方面保持透明和公正。网飞（Netflix）公司以其透明和高效的企业文化著称。公司实行"全员知情"的政策，实行开放的沟通和信息共享，所有员工都可以了解、查阅公司的财务状况和战略决策。此外，网飞公司采用"市场定价"的薪酬策略，确保员工的薪酬与市场水平一致。这种透明和公平的做法极大地提升了员工对公司的信任度和满意度。

4. 激励与认可原则

激励和认可是提升员工士气和工作积极性的有效手段。企业应当通过多种方式赞扬和奖励员工的贡献。比如，Salesforce公司在每年举办的"Dreamforce"大会上表彰和奖励优秀员工；公司还设有"V2MOM"[分别代表愿景（vision）、价值（values）、方法（method）、障碍（obstacle）、衡量指标（measurement）]系统，帮助员工设定明确的目标，并定期进行绩效评估和反馈。通过这些激励和认可措施，Salesforce成功地营造了一个充满活力、积极向上的工作环境。

5. 多样性与包容性原则

多样性和包容性是驱动创新和提高组织效能的重要因素。企业应当致力于创建一个多元化和包容性强的工作环境。微软（Microsoft）公司积极推动建立多样性和包容性的工作环境和企业文化，公司设有专门的多样性与包容性团队，负责制定和实施相关政策。微软还通过"Global Diversity and Inclusion"（全球多样性与包容性）计划，为员工提供多样化的培训和发展机会，确保每一位员工都能充分发挥自己的潜力。倡导多样性和包容性，使得微软在创新方面和市场竞争中保持领先地位。

6. 灵活性与适应性原则

在快速变化的市场环境中，灵活性和适应性是企业持续成功的关键。企业应当为员工提供较为灵活的工作安排，并鼓励员工拥抱变化。Spotify（一家瑞典在线音乐流媒体平台）采用敏捷（Agile）工作法，允许团队灵活地调整工作任务和优先级。公司还鼓励员工在不同项目之间轮换，积累多样化的经验和技能。这种具有灵活性和适应性的工作方式帮助 Spotify 快速响应市场变化，并持续推动创新。

7. 鼓励员工参与沟通原则

员工参与和沟通是提升企业凝聚力和工作效率的重要手段。企业应当建立有效的沟通渠道，鼓励员工积极参与决策和创新。Zappos（美国一家售鞋的 B2C 网站）公司以其独特的企业文化和员工参与机制闻名。公司实行"开放办公"政策，所有员工（包括高管）都在同一个开放空间工作，促进相互间的沟通和协作，鼓励员工参与公司决策。员工可以通过"文化委员会"和"创新实验室"等机制，直接向公司提出建议和创意，推动公司发展。

1.4 建立高效的人才管理体系的关键要素

在理解了人才管理的核心原则之后,接下来将探讨如何将这些原则转化为实际行动,建立一个高效的人才管理体系。建立高效的人才管理体系,不仅需要战略性思维,还需要具体的操作措施。本节将详细介绍建立高效的人才管理体系的关键要素,并通过实际案例展示其应用。

1. 明确的战略和目标

任何成功的人才管理体系都必须以明确的战略和目标为基础。这意味着企业需要清晰地定义自己对人才的需求、发展方向以及衡量成功的标准。

IBM公司在其人才管理战略中,将培养未来领导者作为核心目标,以确保公司有足够的领导人才以应对未来的挑战。公司制订了详细的领导力发展计划,包括全球领导力培训项目和跨部门轮岗机会。通过这些有针对性的培养计划,IBM公司确保其在快速变化的科技领域中始终拥有强大的领导团队。

2. 全面的招聘策略

招聘是人才管理的起点。一个全面的招聘策略不仅要做到能够吸引能力优秀的候选人，还要确保他们与公司的企业文化和价值观相匹配。

脸书（Facebook）公司在招聘过程中非常注重候选人和公司的文化契合度。公司采用了一种名为"文化面试"的方法，由专门的面试官评估候选人与公司文化的匹配程度。这种方法旨在筛选出不仅具备专业能力，且与本公司企业文化相契合、能融入公司的优秀人才。

3. 持续的培训和发展

持续的培训和发展是保持员工技能和知识更新的关键。企业应当提供多样化的培训资源，帮助员工不断提升自身的能力。

通用电气（GE）以其"企业大学"闻名，公司为员工提供了广泛的培训和发展机会，从入职培训到高管领导力课程，涵盖了员工职业发展的各个阶段。通过这些持续的培训计划，通用电气培养了一支高素质、具备创新能力的人才队伍。

4. 有效的绩效管理

绩效管理不仅仅评估员工的工作表现，更是一个持续反馈和改进的过程。企业应当建立透明、公正的绩效评估体系，并结合激励机制，推动员工不断进步。

Adobe 公司取消了传统的年度绩效评估，转而采用"Check-in"系统，鼓励上下级之间进行频繁的、非正式的绩效反馈。这种持续反馈机制不仅提高了员工的工作满意度和参与度，也帮助公司更快速地识别和解决问题。

5. 健康的企业文化

企业文化是人才管理的基石。健康的企业文化能够吸引和留住顶尖人才，增强员工的归属感和工作热情。

巴塔哥尼亚（Patagonia）公司以其独特的企业文化和社会责任感吸引了大量热爱户外运动和环境保护的人士成为其员工。公司鼓励员工在工作和生活之间找到平衡，并支持员工参与环保活动。这种强大的企业文化不仅提升了员工的忠诚度，也为巴塔哥尼亚公司赢得了良好的企业声誉。

6. 多样性与包容性政策

多样性和包容性不仅是企业的道德责任，更是驱动企业创新和业务成功的关键因素。企业应当制定并实施有效的多样性与包容性政策，确保员工在公平的和受到尊重的环境中工作。

英特尔（Intel）公司在多样性和包容性方面投入了大量资源。公司设定了明确的多样性目标，并定期发布进展报告。英特尔公司还建立了多个员工资源小组（ERG，指的是组织内基于共同的身份、价值观、兴趣、观点或目标而自愿联合起来的群体）。建立员工资源小组的目的是加强工作场所关系、培养员工的归属感、促进个人和职业成长，并为不同背景的员工提供支持和发展机会。这些努力大大提升了英特尔公司的创新能力和市场竞争力。

7. 技术与数据驱动

在数字化时代，技术和数据驱动的人才管理变得越来越重要。企业应当利用先进的技术工具和数据分析，优化人才管理的各个环节。

龙湖集团通过其云端计算平台，实施了全面的人才管理系统。该系统整合了招聘、培训、绩效管理以及员工参与等多个模块，利用数据分析为人才管理提供有力的参考，帮助公司做出更明智的人才决策。这种技术驱动的方法优化了人才管理的效率和效果。

第 2 章
人才需求与人才画像构建

在开启人才需求与人才画像构建这一章之前，我们不妨先思考一个问题：企业的人才从何而来？是随机而至，还是精准匹配？答案显而易见：必须要对优秀的人才进行系统化的分析和诊断，方能使人才尽其才、适其位。管理大师德鲁克认为，没有正确的人才配置，再好的战略也只是一纸空文。由此可见，做好人才需求与画像分析，是企业人才管理的基础性工作，也是确保人力资源有效配置的关键所在。

进行人才需求分析，就像是为企业量身定制服装一样，要考量企业的战略目标、组织结构、岗位职责等多重因素，方能为企业设计出合身的"板型"。只有准确把握企业对人才的数量、质量、结构等方面的需求，才能为人才招聘、配置等后续环节提供精准的参考坐标。而构建人才画像，则像是为每个岗位绘制一幅"素描像"，勾勒出任职者应具备的知识、技能、经验等关键特质，为人才选拔提供清晰的"参照系"。

唯有基于人才需求之上构建精准的人才画像，才有可能最终实现"人岗相适"，让合适的人才在合适的岗位上创造价值。

2.1 数据驱动的企业人才需求分析

对于现代企业来说,人才需求是指企业日常运营和为实现其战略目标所需要的各类人力资源。准确了解和预测人才需求,是确保企业持续发展的关键。在传统的人力资源管理中,企业对人才需求的识别和描述通常依赖于日常工作沟通,比如用人部门和招聘部门、领导与员工之间以口头、邮件往来等方式进行交流。然而,这些方式存在不足之处。例如,在一次项目启动会议上,部门经理口头向其团队传达说需要增加一些软件开发人员,但这信息经多次转述后,可能会越来越模糊,导致人力资源部门无法准确把握该团队的实际需求,难以招聘到真正符合该部门需求的人才。总结起来,传统的关于人才需求的沟通方式的局限性主要有以下三点。

(1) 信息失真:领导和员工交流时有可能因个人主观性较强,而造成信息被夸大或忽略。

(2) 传递损耗:信息在多层级传递过程中,可能会被误解、遗漏,甚至曲解。

（3）缺乏数据支持：交流中通常缺乏数据支持，难以形成系统化、量化的需求。

上述这些沟通中存在的局限性会导致企业、部门难以准确把握对人才的具体需求，从而影响人才管理的有效性和战略决策的准确性。

为了克服上述传统的关于人才需求的沟通方式的局限性，现代企业应采用数据驱动的量化分析法来了解和确定人才需求。通过数据分析，企业可以获得更为准确、客观和系统的信息，从而做出更明智的决策。数据驱动的量化分析具体可以分为以下几步。

1. 数据收集

数据收集是数据驱动的量化分析的基础，通过系统地收集内部和外部数据，企业可以获得较为全面的信息来源，减少信息失真和传递损耗。数据包括内部数据和外部数据。

内部数据：包括员工绩效、离职率、招聘数据、培训记录等。这些数据可以从企业内部的各种系统中获取，如人力资源管理系统（HRMS）、绩效管理系统等。

外部数据：包括行业报告、市场调研数据、竞争对手信息、宏观经济指标等。这些数据可以通过市场调研公司、行业协会、政府统计部门等渠道获取。

2. 确定量化指标

为了将模糊的沟通、交流转化为明确的需求，需要确定具体的量化指标。有了量化指标后，在日常交流中可以将主观描述转换为具体的数据信息，从而减少表达时的主观偏见和信息损耗。

年龄范围：例如，当一个经理说"我要招一个年轻人"时，可以将"年轻"量化为具体的年龄范围,如25岁到35岁。

经验年限:比如,招聘时,要明确地表达需要几年相关工作经验,而不是用模糊的"有一定经验"来描述。

技能水平:用专业资格认证或技术测试分数来量化技能需求。

绩效指标:参考过去的绩效评估数据来量化绩效要求。

3. 数据分析

数据分析是将收集到的数据转化为有价值的信息的过程,通过科学的方法,企业可以发现潜在问题和机会,制定更有效的人才策略。

(1)绩效分析:通过分析员工的绩效数据如KPI(关键绩效指标)达成情况、绩效趋势等指标,可以识别哪些岗位和员工表现优异,哪些岗位人员过剩或紧缺,从而更精准地确定企业对于不同岗位人才的需求。

(2)离职率分析:通过整体离职率、部门离职率、岗位离职率等指标,可以发现人员流失的高风险区域,从而采取针对性的措施,降低离职率,提高员工留存率。

(3)招聘分析:通过分析招聘数据,如应聘人数、面试通过率、入职率、招聘周期、招聘成本等指标,可以了解不同岗位的招聘难度、招聘周期和招牌成本,从而可以进一步优化招聘策略,缩短招聘周期,提高招聘效率。

(4)培训需求分析:通过分析培训覆盖率、培训满意度、培训参与率等指标,可以识别员工在技能和专业知识上的差距,从而制订有效的培训计划,提升员工的能力,满足岗位需求。

通过分析上述这些具体指标,企业可以更精准地了解和预测人才需求，制定更加科学有效的人才管理策略。这不仅有助于提升招聘和员工发展效率，还能有效降低人员流失率，增强企业的竞争力。

以下是一个实际应用案例，展示数据分析如何帮助企业了解并解决人才需求。

> **＜案例＞**
>
> AA科技公司（以下简称公司）成立于2010年，是一家专注于人工智能和大数据解决方案的高科技企业。随着技术的不断进步和市场需求的快速增长，公司在短短几年内实现了快速扩展，业务覆盖领域从初期的智能家居扩展到智能制造、智慧城市等多个领域。公司一直面临着如何准确识别并解决人才需求的问题。在过去的一年中，公司一直认为数据架构工程师是未来业务发展的关键，因此投入了大量资源进行招聘和培训。然而，尽管招聘了许多数据架构工程师，公司的项目进展和业务增长并没有得到显著提升。与此同时，其他一些岗位的人才短缺问题却日益严重，影响了公司的整体运营效率。
>
> 上述问题严重影响了公司的业务拓展和项目交付质量。但对于这些问题，每个部门领导都有自己的看法，争执不下。管理层意识到必须寻找更加科学有效的方法来解决人才短缺和管理问题。最后，公司决定采用以数据驱动的方法进行分析。
>
> 公司首先整合了内部和外部数据。
>
> 1. 内部数据
>
> （1）绩效数据：包括员工的绩效评估结果、项目完成情况和个

人KPI。

（2）离职率数据：按部门和岗位统计的离职率。

（3）招聘数据：包括职位空缺率、招聘周期、面试通过率和入职率。

（4）培训数据：员工培训记录、培训效果评估和技能提升情况。

2. 外部数据

（1）行业报告：分析行业趋势、薪酬水平和人才需求。

（2）竞争对手信息：收集竞争对手的人才结构和招聘策略。

（3）市场调研数据：了解市场上不同岗位的人才供需情况。

通过使用人力资源管理系统和数据分析工具（如Power BI和Tableau），公司对数据进行了深入分析，发现了以下关键问题。

● 数据架构工程师的实际需求低于预期

通过分析项目需求和员工工作负荷数据，发现数据架构工程师的实际工作量并不饱和，许多工程师处于闲置状态。绩效数据也显示，数据架构工程师的KPI达成率较低，项目对他们的实际需求不如预期。

● 数据分析师岗位人才短缺

通过分析项目进度和完成情况，发现数据分析师在多个重要项目中发挥了关键作用，但数量不足导致项目进展缓慢。

招聘数据和市场调研显示，数据分析师岗位的招聘周期较长，市场上这类人才供不应求。

● 其他关键岗位的需求

通过分析离职率和绩效，发现公司对软件开发人员和项目经理的需求也在增加，特别是在新产品开发和市场推广阶段。

在业务方面，公司对人工智能和机器学习专家的需求仍在上升，公司内部这些岗位的人员配置明显不足。

基于以上分析结果，公司在人力资源方面制定并实施了一系列调整策略。

（1）优化招聘策略。暂停或减少数据架构工程师的招聘，将更多资源和精力投入到数据分析师的招聘中。增加软件开发人员和项目经理的招聘，满足新产品开发和市场推广的需求。

（2）优化薪酬结构。提高数据分析师的薪酬水平，使其达到或超过市场平均水平，吸引和留住优秀人才。调整薪酬结构和激励方式，增加绩效奖金和项目奖金，提高整体薪酬的竞争力。

（3）增加培训和发展方面的投入。针对数据分析师和其他关键岗位，制定专项培训计划，包括内部培训和外部进修机会。与知名高校和培训机构合作，制订人才储备计划，为公司定期输送和储备新兴技术人才。

（4）改善工作环境和职业发展规划。为数据分析师和其他关键岗位提供更好的职业发展路径和晋升机会，提升员工的满意度和忠诚度。

（5）创立技术交流平台和研讨会，促进内部知识分享和持续学习。

通过以上这些措施，公司在人才方面取得了显著的成果。

● 招聘效率提升：数据分析师岗位的招聘周期缩短至1.5个月，面试通过率和入职率有所提高。

● 人才配置优化：关键岗位的人才数量和质量显著提升，特别是数据分析师、软件开发人员和项目经理。

● 项目进展加快：由于关键岗位的人员配置更加合理，项目进度和完成质量显著提升。

● 员工满意度提高：通过优化薪酬结构和完善职业发展规划，员工满意度和忠诚度得到提升。

基于数据驱动的人才需求分析，使得公司不仅解决了人才配置不合理的问题，还建立了科学的招聘和人才管理机制，为公司未来持续良好发展奠定了坚实基础。

2.2 如何构建人才画像

在明确了企业的人才需求后,下一步工作是构建详细的岗位人才画像,用以指导企业的招聘、培训和发展策略。人才画像的概念源自用户画像。如果你在互联网行业工作,你可能已经熟悉用户画像的运作:比如,通过分析用户的特征和行为,了解哪些用户对某款产品感兴趣等。与其类似,人才画像是通过分析和汇总在某个岗位上表现出色的员工特征,来描述出理想的职务人选。

虽然学术界对人才画像尚未形成统一的定义,但其核心在于识别和集合一个岗位上优秀员工的特征。例如,一个成功的销售人员可能处在某个年龄段,具备某种特定性格,有明确的动机以及相关技能。而看到这些特征的你,脑海中可能已经有了一个销售人员的具体形象,这便是人才画像的基础。

从广义上来说,任职资格和胜任力模型可以被视为人才画像的一部分或其另一种表达形式。然而,随着技术的进步,人才画像的构建已经超越了传统模式。如今,通过数据分析构建人才画像,已成为新的趋势。系统地收集和分析员工的绩效、行为和背景等数据，可以更精确地描绘出理想员工的特征，为企业的人才管理和发展提供科学的依据。

本书所说的人才画像是基于冰山模型提出的，构建人才画像时应围绕以下六大维度展开。

1. 基本信息

- 年龄：员工的年龄层次，有助于制定适合的管理和发展策略。
- 性别：员工的性别比例，确保团队的多样性和包容性。
- 教育背景：包括学位、专业和毕业院校，学历和受训经历可以在一定程度上反映出员工的基础知识水平和学习能力。
- 工作经历：包括过往的职位、公司和工作年限，可以明确员工的职业路径和经验积累。

2. 技能和知识

- 专业技能：具体岗位所需的技术和专业能力，如编程、设计、财务分析等。
- 技术能力：使用和掌握各种工具和软件的能力。
- 语言能力：多语言能力，这对跨国公司和国际业务至关重要。
- 认证和资格：专业领域内的认证和资格证书，证明员工的专业水平和资质。

3. 工作绩效

- KPI：员工在特定时间内的绩效表现，衡量其工作成效。
- 项目完成情况：员工在项目中的参与度和贡献，评估其项目管理和执行能力。

- 业绩评估结果：定期形成的绩效评估结果，反映员工的综合表现。

- 工作成果：具体的工作成果和成就，如销售额、客户满意度等。

4. 能力特征

- 人际交往能力：与同事、客户和其他利益相关者建立良好关系的能力。

- 团队合作能力：与团队成员协作和沟通的能力，影响团队的整体效率。

- 领导力：领导和管理团队的能力，对于管理层和潜在领导者来说，这是重要指标。

创新性：提出新想法和解决问题的创造性能力。

5. 个性和动机

- 工作态度：员工对工作的态度和热情度，包括责任心和敬业精神。

- 性格特征：如外向、内向，积极性、稳定性等，影响员工的行为和工作方式。

- 工作动机：驱动员工努力工作的内在动机，如成就动机、权力动机和亲和动机。

- 价值观和信念：员工个人的价值观和信念与企业文化的契合度。

6. 学习与发展

- 学习能力：员工学习新知识和技能的能力，反映其成长潜力。

- 自我提升意愿：员工主动学习和提升自己的意愿和动力。

- 个人发展计划：员工制定的个人职业发展目标和路径。

将上述这些维度结合起来,可以帮助企业构建出完整的人才画像,可以识别和培养高潜力人才。而通过对这些维度进行分析,企业可以更准确地制定招聘、培训和发展策略,确保员工个人成长规划与企业目标保持一致。

2.3 如何构建适应企业发展的人才画像

首先要做的就是选择目标岗位的明星员工，进行量化建模。明星员工通常指的是在企业中表现出色、持续贡献高并具备领导潜力的员工。他们不仅是企业的重要资产，还起到激励和引领其他员工的作用。按照明星员工的标准进行建模和构建人才画像，可以起到如下作用。

（1）设立绩效标杆：为其他员工设定明确的绩效目标。

（2）优化招聘标准：在招聘过程中寻找具备相似特质和能力的候选人。

（3）制订培训计划：根据明星员工的成长路径，为其他员工设计有效的培训和发展计划。

按照明星员工的标准进行量化建模、构建人才画像时，可以结合前文提到过的基于冰山模型的六大维度。以下是基于人才数据分析、关键人员访谈调研和画像研讨会校准之上，完整构建人才画像的原则和方法。

1. 以人才数据分析为核心

首先，需要系统地收集与明星员工相关的数据。这些数据可以来自多个方面，包括但不限于以下四点。

（1）背景数据：如教育背景、职业经历、技能证书等。

（2）绩效数据：如 KPI 完成情况、绩效评估结果等。

（3）行为数据：如工作习惯、团队合作情况、创新能力等。

（4）反馈数据：如 360° 反馈、客户评价等。

2. 以关键人员访谈调研为验证

（1）选择访谈对象

选择在目标岗位上表现突出的明星员工进行深度访谈，包括岗位的直接主管、团队成员以及相关联的其他部门人员，确保多角度了解岗位需求。

（2）确定访谈内容

- 工作职责：详细了解岗位的具体职责和工作内容。

- 成功案例：收集和分析成功项目或成功任务的实例，了解成功背后的关键因素。

- 挑战与解决方案：探讨岗位工作中遇到的主要挑战和解决方案。

- 技能和能力：确认岗位所需的核心技能和能力，以及优秀员工具备的独特特质。

- 行为特征：了解在岗位上表现出色的员工常见的行为模式和工作态度。

（3）分析数据

根据岗位需求，选择合适的分析维度，包括基本信息、技能和知识、工作绩效、行为特征、个性和动机、学习与发展、社会关系等，提取出明星员工在各项指标上的表现和特征。

使用数据分析工具（如 SPSS、Tableau、Power BI）对收集的数据进行清洗、整理和分析。具体可使用的分析方法如下。

● 数据聚类分析：将明星员工的各项数据进行聚类分析，找出共同特征。

● 回归分析：分析哪些特征对绩效有显著影响，从而识别关键成功因素。

● 对比分析：将明星员工与普通员工的数据进行对比，找出差异点。

（4）数据验证

将访谈得到的信息与数据分析的结果进行对比，验证数据分析的准确性。识别和解释数据分析中未能体现的关键特征或潜在问题。

3. 召开人才画像研讨会进行校准

（1）研讨会准备

● 汇总数据分析和访谈调研的结果，准备详细的报告以及初步人才画像草案。

● 邀请相关利益相关者，包括人力资源团队、业务部门负责人、明星员工和其他关键人员参会。

（2）研讨会流程

● 介绍背景：简要介绍人才画像的目的和重要性，以及前期的数据分析和访谈调研结果。

● 呈现初步画像：展示初步的人才画像，包含各个维度的详细信息和特征描述。

- 讨论与反馈：参会人员对初步的人才画像进行讨论，特别是针对人才画像中的不完善之处和需要调整的部分提出意见和建议。
- 校准优化：根据研讨会的反馈，对初步的人才画像进行修正和优化，确保人才画像全面、准确、实用。

< 案例 >

某公司是一家快速成长的技术解决方案提供商。尽管近年来公司业务扩展迅速，但整体销售业绩却没有预期的那么好。CEO李明对此很不满意，他决定找出问题的根源。于是，他召集人力资源主管张莉和销售总监王刚开会商讨如何提升销售团队的整体绩效。

"我们需要知道什么样的人能成为顶尖的销售人员。"李明在会议开始时直言不讳地说，"我们必须从根源上解决这个问题。"

张莉提议通过构建详细的销售人员人才画像来优化招聘和培训策略。王刚表示赞同，并认为这是一个系统性的解决方案。他们按照以下原则和步骤开展工作。

1. 以人才数据分析为核心

张莉和她的团队开始了系统的数据收集工作。他们从公司的人力资源系统中提取了大量数据，包括具体到个人的销售额、客户获取率、销售周期等绩效数据，以及招聘和培训记录。他们还参考了行业报告，了解竞争对手的招聘策略和市场上的人才供需情况。

这天，张莉的团队在会议室讨论最新的数据发现。

"我们看到，表现优异的销售人员通常年龄在25至35岁之间，至少有3年以上的销售工作经验。"数据分析师小李说,"他们的客户关系管理技能非常强,销售额和客户获取率明显高于平均水平。"

"这只是一个开始,"张莉回应道,"我们还需要更多的验证。"

于是他们选取了数据最为亮眼的"销冠"们,逐个进行个案分析。

2. 以关键人员访谈调研为验证

王刚决定亲自参与关键人员访谈。他选择了公司里几位表现突出的明星销售人员进行深度访谈。访谈对象不仅包括销售人员,还包括他们的直接主管和团队成员。

有一次,王刚与明星销售小张坐在公司咖啡厅里进行访谈。

"小张,你认为什么特质使你在销售岗位上如此成功?"王刚问道。

"我觉得是我的沟通能力和对客户需求的敏锐洞察力。"小张说,"另外,我会根据公司定下的目标设定我的个人目标,并不断激励自己去达成。"

对小张进行访谈后,王刚对小张的同事小李进行访谈。

"小李,你认为小张有什么独特的特质帮助他拿到了'销冠'?"王刚问道。

"我感觉他最厉害的一点是:有心。去拜访顾客时,他会提前做一些功课,比如提前了解顾客的家乡,在会谈时就会从这里打开话匣子。并且,他会从细节处为顾客着想,很容易让对方产生好感。"小李说出了自己的观察。

上述这样的访谈帮助该公司进一步验证了数据分析的结果,并通过对访谈记录进行分析,抽取出一些关键特征,如出色的沟通和谈判能力、强烈的目标导向和自我激励能力等。而小李提到的"有心"更是十分重要的信息，在管理学领域，有一个成熟的概念叫作"管理觉知"来定义这种表现。

3. 召开画像研讨会进行校准

在收集了各种信息和数据后，张莉和王刚组织召开销售人员人才画像研讨会，邀请利益相关者，包括人力资源团队、销售部门负责人、明星销售人员和其他关键人员参加。

在会议上，张莉展示了初步的人才画像草案。

"我们发现优秀的销售人员通常具备以下特征：25至35岁，有3年以上销售经验，拥有出色的客户关系管理技能，销售额和客户获取率极高。"张莉说道，"但我们需要大家的反馈和意见来进一步完善人才画像。"

大家提出了很多建设性意见。一位销售经理提出："我们还应该考虑学习能力和团队协作精神，这些在我们的日常工作中也非常重要，销售团队往往容易出现内斗的情况，有团队意识才有可能实现利益最大化。"

经过几轮讨论和调整，销售人员的人才画像最终得以确定。

最终构建出的销售人员人才画像如下。

- 基本信息：25～35岁，教育背景为本科及以上，有3年以上销售经验。
- 技能和知识：有客户关系管理技能，能熟练使用CRM软件，有出色的沟通和谈判能力。
- 工作绩效：高销售额、高客户获取率和续约率，短销售周期。

- ●行为特征：强烈的目标导向和自我激励能力，积极主动，具有创新精神和良好的团队协作精神。

- ●个性和动机：性格外向，善于与人沟通，拥有高度责任感和敬业精神，对销售工作有强烈的兴趣和热情。

- ●学习与发展：持续学习销售技巧和市场知识，积极参加公司内部和外部培训，有明确的职业发展规划。

- ●社会关系：能建立并维护良好的客户关系，最好拥有广泛的行业人脉，在团队中有较高的影响力和号召力。

2.4 人才画像的应用推广与持续修正

2.4.1 应用人才画像的步骤和方法

在构建了详细的人才画像之后,企业需要有效地应用人才画像,并根据实际情况不断修正和优化。以下是具体的应用步骤和方法。

1. 优化招聘流程

有了明确的人才画像,人力资源团队可以在招聘过程中更有针对性地筛选和评估候选人。

(1)优化职位描述:根据人才画像调整职位描述,突出关键技能和特质,吸引目标候选人。

(2)更高效地筛选简历:使用人才画像中的关键特征作为简历筛选标准,提高简历筛选的效率和准确性。

(3)全面的面试评估:设计结构化面试问题,评估候选人的能力、行为和动机是否符合人才画像的标准。

（4）使用测评工具：引入心理测评和技能测试工具，进一步验证候选人与人才画像的匹配度。

2. 确定精准的培训计划

根据人才画像制订个性化的培训计划，帮助员工有针对性地提升关键技能和能力。

（1）设计更具针对性的培训课程：开发与人才画像匹配的培训课程，涵盖客户关系管理、沟通技巧、销售策略等内容。

（2）推行导师制：为新员工分配经验丰富的导师，提供一对一指导和支持，帮助他们快速成长。

（3）鼓励员工持续学习：鼓励员工参加行业内外的培训和研讨会，不断更新知识和技能。

3. 实施高效绩效管理

将人才画像应用于绩效管理系统，帮助员工明确工作目标和方向。

（1）设定绩效指标：根据人才画像中的KPI，设定员工的绩效目标。

（2）定期评估：定期进行绩效评估，对员工的表现进行反馈，帮助他们了解自身的优势和需要改进的地方。

（3）实行激励机制：设计与绩效挂钩的激励机制，对符合人才画像标准并表现优异的员工进行奖励。

4. 识别和培养潜在人才

利用人才画像识别企业内部的潜在人才，并为其制订个性化培养计划。

（1）建立人才库：根据人才画像建立内部人才库，记录和跟踪员工的成长和发展。

（2）制订个性化发展计划：为高潜力员工制订个性化的职业发展计划，为其提供更多学习和晋升机会。

（3）培养领导力：针对未来领导者，为其设计专门的领导力培训和发展项目，提升他们的管理和决策能力。

2.4.2 应用过程中持续修正人才画像

在应用过程中，还需要根据实际反馈对人才画像进行持续修正，可以参考以下原则和步骤。

1. 定期评估

定期评估人才画像的有效性和适用性，确保其与企业发展和市场变化保持一致。具体分为以下两个维度。

（1）数据监控：持续监控员工的绩效、招聘效果和培训成果，收集相关数据并进行分析。

（2）反馈收集：从员工、部门主管和人力资源团队收集反馈，了解人才画像在实际应用中的表现和问题。

2. 利用数据分析进行优化与调整

利用最新的数据分析技术，不断优化和调整人才画像。

（1）数据更新：定期更新和清洗数据，确保数据的准确性和及时性。

（2）分析优化：使用先进的数据分析工具（如机器学习和人工智能），识别人才画像新的关键特征和趋势。

（3）画像调整：根据数据分析结果，对人才画像进行调整和优化，反映最新的市场和企业的需求。

3. 持续改进

建立持续改进机制，确保人才画像不断优化和进化。

（1）定期开会评估：组织定期的人力资源和业务部门会议，讨论和评估人才画像的应用情况和改进建议。

（2）定期培训和学习：人力资源团队和业务主管定期参加培训和学习，了解最新的人才管理理论并加以实践，提升专业能力。

（3）技术持续支持：引入和更新数据分析和管理工具，提升人才画像构建和应用的效率和效果。

4. 实践案例和经验分享

鼓励内部分享成功案例和经验，推动人才画像的广泛应用和优化。

（1）定期进行案例分享：定期举办案例分享会，邀请表现出色的员工和团队分享他们的成功经验。

（2）开展内部培训和研讨：通过内部培训和研讨会，推广人才画像的应用方法和最佳实践，提升全员的认知和参与度。

通过以上步骤，不仅能有效地将人才画像应用于招聘、培训和绩效管理中，还能够建立持续的修正和优化机制，确保人才画像始终与市场和企业的发展同步。这一系统性的方法可以帮助企业大幅提升整体绩效，实现业务持续增长。

第 2 章　人才需求与人才画像构建

<案例>

HT公司是一家全球知名的快消品企业，旗下拥有食品、饮料、日化等多个品类。面对激烈的市场竞争，HT公司深知人才是制胜的关键。为了更精准地选育人才，赋能业务增长，公司决定引入人才画像系统。公司的人力资源团队携手业务部门，深入剖析了公司的战略目标和人才需求，广泛征求销售、市场、研发等部门的意见，并参考行业最佳实践案例，构建了一套科学的人才画像模型。该模型从能力素质、行为特征、业绩表现等多个维度，勾勒出各岗位的理想人才标准。例如，针对区域销售经理岗位，HT公司明确了以下关键人才画像要素。

- 能力素质：过硬的销售技巧、出色的谈判能力、敏锐的市场洞察力。
- 行为特征：强大的执行力，良好的沟通协调能力，团队领导力。
- 业绩表现：区域销售业绩突出，能带领团队达成销售目标。

基于人才画像，HT公司优化了招聘流程。根据不同岗位的人才画像要求，有针对性地调整了招聘广告和职位描述。例如，在招聘品类品牌经理时，HT公司在职位描述中特别强调了"对消费者有敏锐的洞察力，能准确把握消费趋势"这一要求，以吸引高度匹配的人才。

在简历筛选阶段，人力资源团队以人才画像为标尺，快速甄别出匹配度高的候选人，大幅提升了筛选效率。在面试环节，HT公司采用情景模拟面试，考察候选人在实际工作场景中的反应和表现，全面评估其与岗位画像的契合程度。

....

通过一系列优化举措，HT公司显著提高了招聘的精准度。新员工的胜任力与岗位匹配度较使用人才画像前提高了30%。

此外，HT公司建立了人才画像的动态优化机制。

一方面，公司定期评估人才画像的时效性，结合业务发展需要，动态调整画像要素。例如，随着数字化转型的深入，HT公司在原有的人才画像中增加了"数字化能力"维度，以适应数字时代的人才需求变化。

另一方面，HT公司善于从人才画像的应用中总结经验，在实际运用过程中，不断地优化人才画像的应用策略。例如，在使用人才画像进行销售团队的招聘时，公司发现"抗压能力"是一个关键特质，于是，及时在招聘流程中补充了压力情景测试，从而选拔出更具韧性的销售人才。

通过人才画像的系统应用，HT公司的人才管理效能得到全面提升，表现为以下几点。

（1）人力资源对业务的影响力提升50%，招聘、培养、晋升决策更加精准。

（2）新招员工3个月内的离职率降低15%，人岗匹配度大幅提高。

（3）关键人才储备丰富，85%以上的管理岗位能实现内部提拔，大大降低了企业的风险。

（4）员工的学习主动性提高了60%，公司的学习氛围更加浓厚。

（5）公司的敏捷性增强，人均创收提升20%，可持续发展后劲十足。

案例中 HT 公司的成功实践表明，人才画像是快消企业进行人才管理升级的利器。唯有立足业务导向，数据驱动决策，从端到端地进行赋能，持续优化升级，才能真正发挥出人才画像的巨大价值，为企业发展注入澎湃动力。

当然，构建并应用人才画像并非一蹴而就，而是一个循序渐进、持续优化的过程，既需要人力资源团队与业务部门紧密合作，也需要全员参与、共同推进，还需要强大的数据分析能力和信息系统支持。

# 第 3 章
人才测评与能力评估

人才
画像
测评
盘点

管理完全
应用手册

在现代企业管理中，人才测评与能力评估已成为关键环节。随着竞争的加剧和职场环境的复杂化，企业不仅需要吸引和招聘合适的人才，还需要科学地评估员工的能力和潜力，以确保其在合适的岗位上发挥最大效能。人才测评不仅涉及对候选人和现有员工的技能和知识进行评估，还包括对他们的行为、动机、个性和潜在能力进行全面分析。通过系统且科学的测评方法，企业可以更准确地了解员工的优劣势，从而制订出更有针对性的培训和发展计划，提升企业的整体绩效和竞争力。

本章将探讨人才测评与能力评估的核心概念、方法和工具，并通过实际案例展示如何有效地实施测评与评估，帮助企业在选拔、培养和保留人才方面做出明智的决策。本章还将讨论如何利用测评和评估结果对员工的职业发展进行规划，通过系统的测评与评估，企业不仅能识别出高潜力人才，还能创建一个透明、公正的绩效管理体系，激励员工不断进步，确保每位员工都能在最适合的岗位发挥其潜能，推动企业持续发展和创新，为企业创造更大的价值。

第 3 章 人才测评与能力评估

3.1 常用的人才测评工具

在现代企业的人才管理中,科学、系统地评估员工的能力和潜力至关重要。为此,企业通常会使用各种人才测评工具,以确保在招聘、培训和职业发展过程中做出明智的决策。这些工具不仅能帮助企业识别适合某个岗位的候选人,还能发现现有员工的潜力和发展方向等,为其提供有针对性的成长路径。

本节将介绍目前常用的人才测评工具,并通过呈现具体的使用场景帮助读者理解这些工具如何在实际工作中发挥作用。

3.1.1 心理测验

心理测验主要用于评估候选人或员工的个性特征、动机和行为倾向。这类测验通常包括人格测试、兴趣测试和价值观测试等。常用工具有以下几种。

1.MBTI（迈尔斯-布里格斯类型指标）

● 用途：MBTI 是全球广泛使用的人格评估工具，用于评估个性类型，帮助企业了解员工的行为特征和沟通风格。MBTI 通过评估个性类型，帮助企业了解员工的行为特征和沟通风格，从而优化团队配置和沟通方式，提高工作效率。

● 评估维度：内向（I）/外向（E），感觉（S）/直觉（N），思考（T）/情感（F），判断（J）/知觉（P）。

2.Big Five（大五人格测试）

● 用途：大五人格测试是应用最广泛的人格测试，主要评估员工在五个维度的表现，是一种标准化的人格评估工具。

● 评估维度：开放性、责任心、外向性、宜人性、情绪稳定性。

3.16PF（卡特尔16人格因素问卷）

● 用途：评估员工在 16 个基本人格因素的表现，提供全面的人格特征分析。帮助企业在招聘员工时以及对员工的职业发展做出更明智的决策，确保员工与岗位的高度匹配。

● 评估维度：包括温暖、推理能力、情绪稳定性、支配性、活泼性、毅力、胆量、敏感性、警觉性、抽象性、私密性、焦虑性、开放性、独立性、完美性、紧张性。

4.霍兰德职业兴趣测试（Holland Codes）

● 用途：通过评估员工的职业兴趣倾向和类型，帮助企业为员工找到最佳职位匹配，提高员工的工作满意度和职业成功率。

● 评估维度：现实型、研究型、艺术型、社会型、企业型、常规型。

3.1.2 情商测评

情商测评用于评估员工的情绪识别、理解和管理能力。这类测评通常包括情绪智力测试和社会技能评估。

1.EQ-i 2.0（Emotional Quotient Inventory）

- 用途：用于评估员工的情绪智力，包括自我情绪识别、情绪调节和人际关系能力，帮助企业识别和培养高情商员工，提升团队协作和客户服务质量。

- 评估维度：自我感知、自我表达、对人际关系的管理、决策能力、压力管理。

2.MSCEIT（Mayer-Salovey-Caruso Emotional Intelligence Test）

- 用途：用于评估员工在情绪感知、情绪理解和情绪管理方面的能力，帮助企业在选拔和培养领导者时做出明智的决策，确保领导者具备优秀的情绪管理能力和人际交往能力。

- 评估维度：情绪识别、情绪理解、情绪管理、情绪利用。

3.1.3 绩效评估工具

绩效评估工具用于定期评估员工的工作表现和目标达成情况。这类工具通常包括360°反馈系统、平衡记分卡和KPI等。

1. 360° 反馈系统

- 用途：通过收集来自上级、同事、下属和客户的多角度反馈，全方位评估员工的工作表现和行为，帮助企业全面了解员工的表现，发现其优势和不足，从而有针对性地为其制订个性化的改进计划。
- 评估维度：沟通能力、领导能力、团队合作、客户服务、工作质量。

2. 平衡计分卡（Balanced Scorecard）

- 用途：通过多维度的绩效评估，综合评估员工在财务、客户、内部流程和学习与成长这四个方面的表现，帮助企业将战略目标分解为具体的绩效指标，确保员工的日常工作与企业战略保持一致。
- 评估维度：财务绩效、客户满意度、内部业务流程、学习与成长。

3.1.4 动机测验

动机测验用于评估个体的内在驱动力、工作动机和职业兴趣。这类测验可以帮助企业了解员工或候选人的工作动机和行为倾向，从而有针对性地设计出更有效的激励机制和职业发展计划。

1. 成就动机测验（Achievement Motivation Test，简称 AMT）

- 用途：评估个体在工作中的成就动机，包括对成功的渴望、对失败的态度和对成就目标的设定，用于识别高潜力员工、设计激励机制、制订职业发展规划等。

- 评估维度：成就需要、成就目标、成功渴望、失败回避等。

2. 职业动机问卷（Work Motivation Questionnaire，简称 WMQ）

- 用途：评估个体的工作动机和驱动力，包括内在动机（如个人兴趣、职业使命）和外在动机（如薪酬、晋升机会）。
- 评估维度：内在动机、外在动机、工作满意度、职业承诺等。

3.1.5 其他类型的测验

1. 情境判断测试（SJT）

- 用途：评估员工在特定工作情境中的决策能力和行为反应。这类测试通常通过模拟实际工作场景，考察员工的应对策略和问题解决能力。管理者可以针对不同岗位设计不同的情境判断测试，评估员工在实际工作中的表现。
- 评估维度：决策能力、问题解决能力、冲突管理能力、客户关系处理能力。
- 应用场景：招聘选拔、能力提升。

2. 公文筐测验

- 用途：评估员工在处理复杂信息、优先级排序和决策能力方面的表现。这类测试通常通过模拟、重现管理者实际工作中的日常工作任务，帮助企业考察、评估员工的综合管理能力，特别是在面对多任务和复杂信息时的表现。
- 评估维度：信息处理能力、时间管理能力、决策能力、问题解决能力。

3. 无领导小组讨论

- 用途：评估员工在团队合作、沟通和领导力方面的表现。这类测评通常通过模拟小组讨论任务，考察员工在团队中的角色和贡献，帮助企业评估员工的团队合作能力和领导能力，识别具备潜力的团队领袖。

- 评估维度：沟通技巧、团队合作、领导力、问题解决能力。

本小节介绍了多种常用的人才测评工具。这些工具各有其独特的用途和评估维度，能够帮助企业在招聘、培训、绩效管理和职业发展等方面做出更科学的决策。

然而，需要强调的是，这些测评工具往往不会单独使用。为了得到更全面、更准确的评估结果，企业通常会综合使用多种工具，使工具各自的优缺点进行互补，以全面评估候选人的认知能力、行为特征和实际工作表现等。

此外，测评工具提供的结果应被视为重要的参考依据，而不是唯一的决策标准。测评结果可以帮助企业了解员工或候选人的特征和潜力，但最终决策还需要结合实际工作环境、岗位需求和企业文化等因素进行综合考虑。只有在信息全面的基础上，企业才能做出最合理、最适合的用人选择和发展规划。

通过科学、系统地运用这些测评工具，企业可以更有效地识别和培养高潜力人才，优化团队配置，提高整体绩效，推动企业持续发展和创新。

3.2 编制有效的人才测评常模

在人才测评中，常模（英文为 norm，是一种供比较用的标准量数，由标准化样本测试结果计算而来，即某一标准化样本的平均数和标准差，是进行人才测评时用于比较和解释测验结果的参照分数标准）是判断受测者表现的重要参照，它反映了在特定群体中，受测者所处的相对位置和水平。通过将受测者的测评结果与常模比较，可以更客观、准确地解释受测者的测评结果。因此，编制科学、合理的常模是保证人才测评有效性的关键。常模编制的步骤如下。

（1）明确测评的目的和内容：根据企业的人才管理需求，确定测评的具体目的（如招聘筛选、潜力评估等）和涉及的能力维度、性格特质等内容。

（2）选取合适的常模样本：根据测评目的，选取具有代表性的常模样本。样本应涵盖与目标岗位或人才管理需求相匹配的群体，如相同行业、职级或专业背景的从业者。

（3）收集有效的测评数据：使用经过信效度检验的测评工具，

在常模样本中进行大规模的数据收集，确保数据的真实性、完整性和一致性。

（4）数据清洗和初步分析：对收集的数据进行清洗，剔除无效或异常数据。对有效数据进行初步的统计、分析，如均值、标准差、信度等，为后续常模转换奠定基础。

（5）常模转换和等级划分：根据常模样本的数据分布，将原始分数转换为标准分数（如T分数、百分位数等）。根据标准分数，划分出不同的能力或特质等级，如优秀、良好、平均、较差等。

（6）常模的解释和应用：针对不同等级，提供详细的解释和应用建议，比如优秀等级的具体的能力特点、胜任的岗位类型等。这些解释和建议可为人才管理决策提供参考。

（7）常模的更新和维护：根据时间和环境变化，定期对常模进行更新和维护，确保其持续反映目标群体的实际情况。可定期补充新的样本数据，进行常模的二次开发。

< 案例 >

某银行需要招聘一批客户经理，希望他们具备较强的语言表达、人际交往和数字逻辑能力。为此，银行的人力资源部门决定在面试时采用一套专业的能力测验。

首先，确定了测评的目的和内容，选定了一套包含语言、人际和数字能力在内的测评工具。

其次，选取了本银行现有的优秀客户经理共500人作为常模样本。这些客户经理的工作表现位居前10%，可以代表该岗位所需能力的较高水平。

再次，人力资源部门组织常模样本进行测评，收集了500份有效数据。经过数据清洗和分析，三项能力的平均分和标准差如下。

语言能力：平均85分，标准差10分。

人际能力：平均80分，标准差8分。

数字能力：平均88分，标准差12分。

根据上述结果，人力资源部门将分数转换为百分位数，制定常模如下。

语言能力：90分以上为优秀（前25%），80~89分为良好，70~79分为平均，低于70分为较差。

人际能力：85分以上为优秀（前25%），75~84分为良好，65~74分为平均，低于65分为较差。

数字能力：95分以上为优秀（前25%），85~94分为良好，75~84分为平均，低于75分为较差。

最后，在实际的招聘测评中，该银行使用这套常模对应聘者进行测试和筛选。例如，小赵的测评结果为：语言95分、人际82分、数字90分。参照常模可知：其语言能力优秀，有很强的语言表达能力，适合与客户沟通；其人际能力良，具有较好的人际交往技巧，可以妥善处理客户关系；其数字能力良好，数字逻辑分析能力较强，能胜任业务分析工作。

通过与常模比较，银行可以较为客观地评估小赵的能力水平，并预测其在客户经理岗位的潜力和胜任可能。结合面试等其他信息，银行可以做出更加全面和准确的招聘决策。

上述这个例子展示了常模编制和应用的基本流程。无论是在招聘、培养还是绩效管理中,常模都能帮助专业人士更加科学地解释测评结果,为人才管理的各项决策提供有力支持。

第 3 章 人才测评与能力评估

3.3 实施全面的能力测评流程

前面两个小节分别介绍了常用的人才测评工具以及如何编制科学的测评常模。在人才管理实际工作中，单一的测评工具或常模往往难以全面反映员工的能力水平。因此，实施全面、系统的能力测评流程显得尤为重要。本节将阐述如何通过测评流程的优化设计和执行，对员工的能力进行多维度诊断，为人才决策提供更加全面、精准的依据。

1. 确定测评目标与范围

实施测评流程的第一步是明确测评目标与范围。不同的人才管理场景（如招聘、培养、晋升等）对员工能力的关注点不尽相同。因此，需要根据具体的管理目标来确定测评的侧重点。同时，还要考虑纳入测评的员工范围，如是全体员工、特定部门，还是某些岗位的员工等。

2. 选择测评工具组合

确定了测评目标和范围后，需要选择恰当的测评工具组合。全面的能力测评往往需要多种工具的联合应用，以评估员工在不同维度的表现，如知识水平、技能熟练程度、行为特征等。常见的测评工具组合示例如下。

（1）专业知识测验＋情景模拟操作，以评估测评对象是否具备岗位所需的知识和技能。

（2）认知能力测验＋人格问卷，以评估测评对象的学习潜力和行为风格。

（3）360°评估＋绩效考核，以评估测评对象的工作表现和发展潜力。

选择测评工具时，既要考虑其信度、效度等心理测量学特性，也要考虑其对目标岗位的匹配度。

3. 开发测评方案

选定了测评工具后，需要进一步开发详细的测评方案，包括每项工具的实施流程、时间安排、评分标准等。在测评方案中，要明确各环节的职责分工，如分别由谁负责测评的组织实施、数据收集整理、结果分析反馈等。同时，还要预先设计好测评结果的解释和应用方式，如何将测评结果与其他信息（如面试、背景调查等）相结合，形成更加全面的能力画像。

4. 实施测评与数据收集

测评方案确定后，即可付诸实施。组织者需严格按照流程操作，确保受测人员能够在标准化条件下完成测评。同时，要认真做好数据收集与管理工作，及时发现和处理可能出现的问题数据，并妥善保管测评结果，确保其安全性和保密性。

5. 分析测评结果，形成能力画像

测评结束后，需对收集到的数据进行全面分析。可采用常模比较、

群体画像等方式，系统梳理员工在各能力维度的表现水平。对于每位受试的员工，都要形成一份较为细致的能力画像报告，描述其能力特点、优势和短板等。在解释和分析结果时，要充分利用前期编制的常模，客观、准确地评估员工的相对水平。

6. 应用测评结果，赋能人才管理

能力测评的最终目的是为人才管理决策提供支持。根据能力画像，管理者可制订有针对性的人才发展计划，比如为后备人才提供定制化培养项目，为绩优员工规划职业发展路径等。同时，能力测评结果也可用于人岗匹配、绩效考核等环节，帮助企业实现人尽其才。

需要注意的是，测评结果只是了解员工能力的一个视角，在应用时要与其他信息相互印证，不可过度依赖或放大其作用。

7. 优化测评流程，提升测评效能

实施全面的能力测评流程不能一蹴而就，它是一个持续改进的过程。要定期回顾、总结测评实践中的问题，优化测评工具选用、常模更新、方案设计等环节，提升测评的科学性和有效性。可邀请专家进行评审，或开展效度研究，以检验测评结果对员工实际表现的预测力。全面、科学的能力测评流程是人才管理体系中的重要一环。只有不断打磨、完善测评体系，才能更好地洞悉人才，为企业发展提供坚实的人才支撑。

综上所述，实施全面的能力测评流程需要在明确目标的基础上，选择恰当的测评工具组合，运用科学的常模体系，通过严谨的实施和分析，形成对员工能力特点的精准刻画。管理者应善用测评结果，在

人才招募、培养、考核、激励等各环节做出更加明智的决策，并持续优化、完善测评体系，不断提升人才管理水平。唯有如此，才能真正做到因材施策，让合适的人在合适的岗位上创造更大价值。

> **< 案例 >**
>
> 某 IT 公司计划从公司内部选拔一批高潜力技术人才进行重点培养，以满足公司未来对技术领军人才的需求。人力资源部决定实施一套全面的能力测评，全方位地评估候选人的能力素质。
>
> 人力资源部门明确了测评的目标是选拔学习能力强、技术基础扎实、开发经验丰富、团队协作性佳的优秀技术人才。测评范围锁定于公司内部有 3~5 年工作经验的技术骨干。
>
> 经过慎重选择，人力资源部决定采用以下测评工具组合。
>
> （1）专业技术笔试：考察候选人对计算机基础知识和主流开发技术的掌握程度。
>
> （2）编程能力测试：通过在线编程平台，考察候选人解决实际问题的代码能力。
>
> （3）认知能力测验：采用成熟的认知能力测验，评估候选人的逻辑思维、数字推理等能力，以判断其学习潜力。
>
> （4）性格测评：采用大五人格测试问卷，评估候选人的性格特质，如开放性、责任心等，以判断其对技术工作的适配度。
>
> （5）情景模拟面试：通过模拟实际工作情境，考察候选人的知识运用、问题分析、团队沟通、应变能力等。
>
> （6）同事评估：采用 360° 评估的方式，收集候选人同事的评价，

以了解其平日工作表现和团队协作情况。

在确定测评工具后，人力资源部门进一步细化了测评方案，包括笔试和测验的时间、地点、题目难度、评分标准，模拟面试的流程设计、评价要点等。方案中明确了由人力资源专员负责组织实施，部门主管参与面试评审，技术专家参与笔试命题与阅卷。

测评方案确定后，人力资源专员严格按照流程组织实施。前期采用统一的线上测评平台完成笔试和测验，后期再安排面试和360°评估。过程中，人力资源专员与技术主管密切沟通，及时处理测评过程中的异常情况，并做好保密工作。

测评结果出炉后，人力资源专员会同技术专家对海量的数据进行统计和分析，将每位候选人的测评结果与事先建立的常模比对，形成一份份客观、翔实的能力画像报告。报告详细刻画了候选人的技术水平、认知能力、行为特征、发展潜力等，并提示其能力的优势领域和待提升空间。

在综合能力测评结果的基础上，公司遴选出20名表现最为突出的技术骨干进入后续的人才培养库。人力资源部门会同技术部门，根据每位技术骨干的能力特点，分别为其制订个性化的培养方案，培养内容包括技术深造、管理赋能、项目历练等，以充分发掘和释放他们的能力和潜力。

在后续的培养实践中，公司也持续跟踪人才的成长情况，定期回顾培养成效。并根据实际反馈，对前期的测评方案进行优化改进，如调整测评工具的权重、补充测评维度等，以进一步提升测评的预测效度，为人才遴选提供更加精准的依据。

> 通过全面、科学的能力测评流程，该IT公司准确地识别了内部的优秀技术人才，并通过后续的针对性的培养，为他们的能力发展插上了腾飞的翅膀。这些高潜力人才在未来也将为该公司的技术创新和业务发展注入源源不断的动力。

上述这个案例生动展现了能力测评流程在企业人才管理实践中的运用。通过目标明确、工具得当、方案严谨、实施规范、分析科学、应用灵活、持续优化，能力测评可以成为人才决策的强大助推器，根据企业的发展，源源不断地为企业输送高素质人才。

3.4 利用测评结果指导人才招聘与发展

前文介绍了如何制定科学的人才测评常模,并展示了如何通过实施全面的测评流程,形成对员工能力特点的立体刻画。然而,能力测评并非目的本身,而是服务于企业人才管理的重要抓手。测评结果的真正价值,在于实际应用于指导人才决策,优化人力资源配置。

本节将重点探讨如何将测评结果应用于人才招聘和发展的关键环节,以将测评价值最大化,助力企业聚才、用才。

1. 应用测评结果优化招聘决策

人才测评在招聘甄选环节可发挥重要作用。传统的招聘多侧重学历背景、工作经历等外显信息,难以全面评估候选人的实际能力。而运用科学的测评手段,可以从知识、技能、能力等多维度对候选人进行考量,帮助人力资源部门更加准确地判断人岗匹配度。

具体来说,运用测评结果指导招聘决策时,可以遵循以下步骤。

(1)明确岗位胜任力模型:在发布招聘需求之前,就要基于对岗位的分析,明确在知识、技能、能力等方面的任职要求。

（2）选用针对性的测评工具：根据岗位胜任力模型，选择与其匹配的测评工具。如管理岗可侧重领导力测评，销售岗可侧重情商测评等。

（3）实施标准化的测评流程：通过统一的、标准化的测评流程，可以客观地评估所有候选人的能力水平，获得可比较的测评数据。

（4）对比岗位要求解读测评结果：将候选人的测评结果与事先设定的岗位胜任力模型进行对比，分析其与岗位要求的匹配度。

（5）结合综合信息辅助决策：在测评结果的基础上，还要综合考虑面试表现、背景经历等其他信息，以形成更加全面的考量。

通过引入测评环节，招聘决策可以建立在更为扎实和客观的能力分析基础之上。这有助于从众多候选人中遴选出最匹配岗位要求的人选，为后续的人才管理奠定良好基础。

2. 应用测评结果赋能人才培养

企业发展的核心在于持续提升组织能力，而员工个人的能力提升是组织能力提升的基石。能力测评的结果可以精准刻画员工的能力现状，找出其优势与不足，为后续的针对性培养提供重要抓手。

在利用测评结果指导人才培养方面，可参考以下思路。

（1）系统梳理人才画像：基于全面的测评结果，系统地梳理每位员工的能力特点，形成一份份个性化的人才能力画像。

（2）识别能力短板，提供针对性赋能：对标岗位胜任力要求，找出员工能力的突出短板。在此基础上，有的放矢地提供针对性培训。

（3）匹配个性化发展路径：根据员工的能力优势，结合企业发展需求和个人职业意愿，为其规划与其契合的职业发展路径。

（4）追踪成长，持续赋能：持续跟踪员工的能力成长状况，定期开展能力再测评，了解培养成效，并动态优化培养方案。

将能力测评嵌入人才培养全流程，可以实现员工能力发展的精准管理。管理者可根据员工的实际能力水平，有针对性地提供学习资源、在岗锻炼、导师辅导等，更高效地促进员工能力的提升，为企业发展储备关键人才。

3. 应用测评结果促进人岗匹配

员工与岗位的匹配度，很大程度上决定了员工的工作绩效和职业发展前景。能力测评结果可为人岗匹配提供重要参考。通过动态评估员工的能力，并结合企业岗位需求变化，可持续优化人力资源的配置，实现人尽其才。

在运用测评结果推进人岗匹配实践方面，可考虑以下做法。

（1）建立完善的岗位管理体系：明确企业的岗位架构，针对不同序列、层级的岗位，清晰定义其任职要求。

（2）定期盘点人员与岗位的匹配度：每年定期开展员工测评，并盘点关键岗位的人员配备情况，评估人岗匹配度。

（3）优化人岗匹配，实现最优配置：对于人岗匹配度不足的情形，灵活采取轮岗、内部竞聘上岗等方式，优化人力资源配置。

（4）赋能于人才，提升其能力：对于暂时难以实现最优匹配的情况，加大对相关人才的培养力度，助其尽快胜任岗位要求。

（5）在企业发展的不同阶段，人岗匹配的重心可能有所侧重。建立在测评基础上的动态人岗匹配机制，可帮助企业持续盘活人才资源，不断优化人力资本的投入和产出，最大限度地激发人才潜能。

4. 应用测评结果激发人才的自驱力

员工的能力发展归根结底要依靠自我驱动。企业可通过组织层面的测评，帮助员工找到能力提升的方向，并激发其自我成长的内在动力。

在运用测评结果激发员工自驱力方面，不妨采取以下举措。

（1）向员工分享测评结果：以恰当的方式与员工分享其个人测评结果，帮助其全面认识自我、接纳自我。

（2）鼓励员工制订个人发展计划：引导员工基于测评结果，并结合职业发展意愿，制订切实可行的个人发展计划。

（3）营造持续学习的企业氛围：塑造重视学习与成长的企业文化，为员工营造开放、包容的成长环境。

（4）完善配套的激励机制：建立科学的绩效考核和职业发展通道，并给予相应的物质奖励。

第 4 章
人才招聘与选拔

企业要基业长青，关键在人。英特尔前首席执行官安迪·格鲁夫曾言："优秀的人才是企业最重要的资产。拥有一流的人才，企业就能创造一流的产品和服务，从而在市场竞争中立于不败之地。"而吸引并招募到优秀人才，正是每个企业人力资源管理者的使命所在。

招聘是企业获取人才的重要渠道。科学、高效的招聘可以为企业输送源源不断的生力军，为业务发展提供坚实的人才支撑。反之，如果招聘工作不到位，难以为企业注入优质"血液"，甚至可能会因人员素质不达标而拖累企业运转。

然而，面对日益激烈的人才竞争，企业往往难以顺利招到满意的人才。究其根源，很大程度上在于招聘策略不明晰、招聘流程不规范。

优化招聘策略与流程，是提升招聘效能的关键所在。企业需要在深入分析人才需求的基础上，制定切实可行的招聘策略，并通过优化招聘流程，最大限度地提高对人才的吸引力与招聘精准度。唯有在招聘源头把好质量关，后续的人才管理工作才能事半功倍。本章将重点探讨招聘与选拔中的关键议题，从招聘准备到录用决策，明确阐述如何优化招聘实务。

第 4 章 人才招聘与选拔

4.1 如何制定招聘策略与流程

招聘策略是企业在人力资源规划指引下,针对内外部环境,在招聘对象、渠道、时机、成本等方面做出的整体性谋划。科学的招聘策略可以指导招聘实务开展,使有限的招聘资源聚焦于最关键的领域,以最经济、高效的方式获取所需人才。

4.1.1 制定科学的招聘策略

1. 明确人才需求

企业应着眼于战略目标与业务规划,准确预判未来一定时期内的人才需求,包括人才的数量、专业、层级等,并进行优先级排序。将人才画像嵌入需求分析,可使人才需求更加具象化、规范化。

2. 立足内外部环境

企业应深入分析企业内部人力资源的状况,盘点关键人才缺口;

同时，紧密追踪外部人才市场动向，评估人才供给形势。在此基础上，找准影响招聘的有利因素（如企业品牌美誉度高）和制约瓶颈（如行业人才紧缺），有的放矢地制定应对措施。

3. 统筹资源配置

企业应综合权衡招聘预算、招聘团队等各类招聘资源，在质量、效率、成本目标间做出平衡，以期将招聘资源的使用效能最大化。积极拥抱数字化招聘工具，通过技术赋能，可进一步提升招聘资源配置的精准度。

4.1.2 优化招聘流程，精准匹配人岗

招聘流程是招聘策略的具体实施步骤。以人才画像为标尺，可在招聘流程的各个环节嵌入优化措施，从而实现人岗精准匹配。

1. 优化职位描述

基于人才画像，企业应对职位描述进行优化，突出岗位的关键任职要求。例如，在产品经理的职位描述中，可特别强调"出色的用户需求洞察力"这一要素。精准而生动的职位描述可吸引契合度更高的候选人。

2. 筛选简历

企业可利用人才画像对简历进行初筛。通过对学历背景、专业技能、工作经历等信息的比对，快速识别出与岗位要求匹配度高的候选人，从而提升筛选效率与准确性。

3. 面试考察

在面试环节，企业可基于人才画像，有针对性地设计面试问题和情景模拟，全面评估候选人的能力素质与行为特征。同时，面试官也可将候选人的面试表现与岗位画像进行对标，判断其匹配程度。

4. 测评助力

人才测评工具可为人岗匹配提供更客观、科学的依据。企业可选用与岗位画像相匹配的测评工具（如能力测试、性格测试等），深入洞察候选人的潜在特质，为选才决策提供参考。

5. 背景调查

对候选人的背景信息进行调查核实，这样做可最大限度地降低用人风险。企业应重点调查候选人的从业经历、专业能力、工作业绩等与岗位高度相关的信息，确保其真实性与准确性。

通过上述在招聘流程中的各环节嵌入针对性的优化措施，并以人才画像为一以贯之的标准，企业可显著提升招聘质量和效率，实现人岗精准匹配。

4.1.3 持续优化，探索招聘新趋势

招聘策略与流程的优化并非一蹴而就，而是一个持续改进的过程。企业应定期评估招聘成效，分析优化举措的针对性与实效性，并根据反馈持续调整和改进。

同时，企业也应紧跟人才招聘领域的新趋势、新技术，积极探索创新实践，如社交媒体招聘、人工智能应用等，都可为招聘带来新的突破口。唯有与时俱进、不断优化，才能使招聘工作持续迈上新台阶。

总之，高质量的招聘策略与流程是企业获取优质人才的关键。以人才画像为指引，在需求分析、资源配置、流程优化等各方面下功夫，同时践行持续改进，企业方能在激烈的人才争夺中脱颖而出，为长远发展积蓄磅礴动力。

第 4 章 人才招聘与选拔

4.2 有效利用招聘渠道

招聘渠道是连接企业与人才的桥梁,是招聘工作的重要起点。企业通过在不同招聘渠道发布职位信息,吸引潜在候选人,进而从中遴选出适合的人才,完成岗位配置。招聘渠道的选择直接影响候选人的数量和质量,有可能决定招聘的成败。因此,有效利用招聘渠道是提升招聘效能的关键一环。

当前,企业可选择的招聘渠道日益丰富。从线上到线下,从免费到收费,不同属性的招聘渠道各具特色,为企业提供了更多选择空间。总的来看,常见的招聘渠道主要包括以下这几类。

(1)在线招聘平台:如 BOSS 直聘、智联招聘、前程无忧等,这些平台汇聚了海量的职位信息和求职者简历,覆盖广泛的岗位类型和人才层次,是当前应用最广泛的招聘渠道。

(2)社交媒体:如微信公众号、微博、领英、小红书等,这些平台借助社交网络的人脉链接力和信息传播力,可触达更多潜在人才,尤其适合高端及稀缺岗位的精准招聘。

（3）校园招聘：通过在高校举办宣讲会、招聘会等活动，可吸引大量应届毕业生，这是为基层补充新鲜血液的重要渠道。

（4）猎头服务：专业的猎头公司拥有广泛的高端人才资源和行业人脉，可助力企业物色中高端管理人才。

（5）内部推荐：由现有员工推荐其熟悉的合适人选，质量相对有保障，也有利于新员工快速融入企业文化，但推荐的数量和频次相对有限。

（6）行业协会：通过加入行业协会、参与会员活动，可结识更多同行业的优秀人才，有利于开拓专业领域的招聘渠道。

（7）政府人才机构：一些政府人才服务机构掌握着辖区内的人才信息，通过与其建立合作，可为企业输送更多符合产业导向的人才资源。

此外，企业还可根据自身特点，开拓一些创新性的招聘渠道，如黑客马拉松比赛、学术会议、校企合作等，以吸引某些特定领域的高精尖人才。例如，华为、腾讯等公司常在国内外知名高校设立"华为奖学金""腾讯奖学金"等，奖励成绩优异的学生。获奖学生不但能获得奖学金，还能获得在这些企业实习乃至就业的机会，而企业也可借此提前锁定优秀的人才。

许多知名外企在人工智能领域常进行高薪招聘，但在传统渠道往往收效甚微。于是他们转换思路，通过赞助顶级学术会议，同与会的学术精英深入交流，成功招募了一批领域内的专家和博士。

总之，广泛接触和持续积累各类人才渠道，并根据不同岗位的招聘需求有的放矢地加以运用，是做好招聘渠道开发的必由之路。

<案例>

某快速消费品公司在市场迅速扩张的背景下，亟须补充大量的销售和市场营销人才。公司原有的招聘渠道主要依赖于传统的招聘网站，然而，其针对性不足，招聘效果难以满足快速扩张的需求。为突破招聘瓶颈，该公司决定优化招聘渠道。

该公司基于市场、销售等岗位的人才画像，分析目标候选人的媒介使用习惯，找出最能触达他们的渠道。经分析发现，候选人大多为"80后""90后"，活跃于各大社交媒体和行业社区。

基于上述分析结果，公司制定了以下一揽子招聘渠道策略。

（1）社交媒体渠道：公司注册了企业微信、微博账号，定期发布品牌动态和招聘信息。同时，公司还与行业意见领袖（KOL）合作，邀请其在社交媒体上转发招聘信息，扩大招聘信息的传播范围。

（2）行业社区渠道：公司与多个销售、营销领域的专业社区达成合作，通过在社区发布招聘帖子、举办网络招聘沙龙等方式，直接触达目标候选人群体。

（3）校企合作渠道：公司加强了与重点高校的市场营销专业的合作。通过举办校园宣讲会、案例分析大赛等活动，提早发掘和吸引优秀学生人才。

（4）内部推荐渠道：公司优化了内部推荐奖励机制，鼓励员工推荐优秀的销售、营销人才。内部推荐渠道为公司带来了大量契合度高的候选人。

> 通过优化渠道策略，该公司实现了招聘渠道多元化，并基于人才画像，实现了对目标候选人群体的精准触达。在招聘成本节约20%的同时，该公司招聘人数同比增长50%，招聘周期缩短30%，新招聘人员的平均任职匹配度提升25%。渠道策略的成功实践，为该公司销售队伍的快速扩张提供了有力支撑。

上述案例体现了优化渠道招聘的重要性。企业应立足人才画像，分析候选人的渠道偏好，有针对性地选择招聘渠道组合。传统渠道与新媒体渠道互补，线上渠道与线下渠道结合，内部渠道与外部渠道并举，多管齐下，方能最大限度地触达目标人才，满足企业发展需求。

第 4 章 人才招聘与选拔

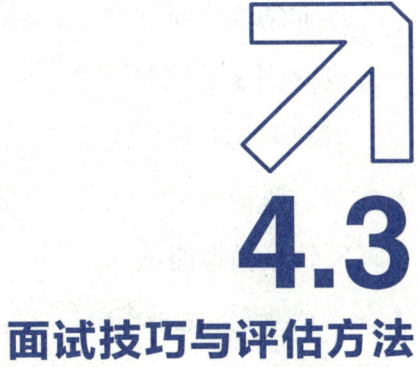

4.3 面试技巧与评估方法

4.3.1 面试的目的与类型

面试是招聘流程中至关重要的一环,其主要目的是通过与候选人面对面沟通,深入了解其知识技能、工作经验、行为特征等,评估其是否适合目标岗位,以便做出录用决策。与筛选简历相比,面试能够获取更全面、更立体的候选人信息,是招聘团队直接考察候选人综合素质的重要途径。

面试形式多样,可根据不同的目的和侧重点进行分类。

1. 结构化面试

事先设计好标准化的问题和评分,让所有候选人回答相同的问题,面试官依据统一的评分标准打分,强调面试过程的一致性,避免主观偏差。结构化面试适合大规模、多轮次的面试。

2. 非结构化面试

没有固定的问题列表，面试官根据候选人的简历和回答随机提问，问题因人而异，侧重考察候选人的临场应变能力，但评价标准相对主观，适合高层管理岗位候选人的考察。

3. 情景模拟面试

设置特定的工作场景，要求候选人现场解决问题或做出决策，从而考察其行为能力，此面试法常用于销售、客服等与人沟通较多的岗位面试。

4. 无领导小组面试

多名候选人组成一个小组，围绕某个主题各抒己见、集体讨论，最终给出统一的方案。此面试法用以考察候选人的沟通协调、团队合作等综合素养，在校园招聘中较为常见。

5. 技术面试

针对程序员、设计师等专业技术岗位，通过当场编程、设计等方式，重点测评候选人的专业技能水平，常与笔试等形式相结合。

6. 压力面试

面试官故意刁难，给候选人制造压力，考察其在压力下的情绪管理和解决问题的能力。但这种面试法较为冒犯，不建议大范围或经常使用。

企业需结合岗位特点和面试目的，灵活选择合适的面试形式。同一岗位的面试也可分阶段采用不同形式，如初试采用结构化面试，复试采用情景模拟等，多维度地考察候选人的综合素质。

4.3.2 有效面试的STAR法则

面试官在面试中如何提问才能高效获取候选人的信息，全面考察其实际能力呢？这里介绍一个广为应用的面试问题设计框架——STAR法则。

STAR法则由四个维度组成，分别是：情境（Situation）、任务（Task）、行动（Action）和结果（Result），这样的面试问题设计框架能够帮助面试官全面了解候选人的工作经历和能力，同时也能够帮助候选人清晰地表达自己的经历和成就。

STAR法则面试问题的四个维度具体如下。

（1）情景（Situation）：要求候选人描述一个具体的情景或任务，这个情景通常是其在过去的工作中曾经历过的，而且最好是一个有挑战性的案例。

（2）任务（Task）：询问候选人在上述这个情景下，候选人需要完成的具体任务目标是什么，扮演什么角色。

（3）行动（Action）：重点询问候选人为完成该任务采取了哪些具体行动，他在其中的角色和贡献。

（4）结果（Result）：要求候选人说明行动的结果如何，有何收获和启示，如果再遇到类似情况会有什么不同做法。

例如，面试一个销售岗位的候选人时，我们可以问对方："请举一个你在销售工作中面临最大挑战的例子（S），当时的销售任务目标是什么（T），你是如何跟进客户、突破难点并最终完成销售任务的（A）？结果如何？从中你学到了什么（R）？"

面试官严格按照问题设计逻辑——情景、任务、行动、结果这四个顺序提问，引导候选人围绕一个具体案例展开论述，既能深入了解其以往的实际工作表现，又能考察其分析问题、解决问题的逻辑清晰度，还能避免候选人夸夸其谈、闪烁其词。

当然，面试官在运用STAR法则时，还需要根据候选人的回答灵活变通，跟进追问一些细节，比如像上述面试销售岗位候选人时，可以追问候选人当时和客户都进行了哪些沟通？遇到了什么样的异议？候选人当时是如何应对的？实施过程中有什么意外情况？销售业绩提升了多少……这些问题有助于还原面试者所举事例的全貌，并能深入洞察候选人的行为能力和业绩产出。

STAR法则使面试问题更加聚焦、具体，能有效提升面试问答的质量和效率。当然，面试官在设计问题时，还需要紧密贴合岗位的实际工作内容，切忌脱离实际而空谈理论。只有问到点子上，才能对候选人的能力做出客观、准确的判断。

4.3.3 基于面试的人才测评方法

面试结束后，客观评价候选人的表现，做出录用与否的决策，是面试的最终环节和目的。如果仅凭面试官的主观印象来决断，难免掺杂个人偏好，也缺乏说服力。因此，需要建立科学、系统的人才测评方法，提升面试评价的专业性和准确性。以下几种方法值得借鉴。

1. 行为面试评估法

基于候选人在面试中围绕具体工作情境所阐述的行动，从专业知识、分析能力、执行力、团队协作、应变能力等维度进行评分，再综合其在多个情境的表现，对其打出总分。这样做可在一定程度上消除主观偏差，但对评分的准则要做好量化。

2. 能力素质模型法

根据岗位胜任特征，提炼胜任该岗位所需的关键能力和素质指标，再设计面试问题和答案评判标准，考察候选人在相应指标上的具体表现，并借助打分表等工具量化评分，得出各项指标的得分情况，用于对比不同候选人在岗位匹配度方面的优劣。

3. 评委多维打分法

由用人部门、人力资源部、高层管理者等代表组成面试评审小组，每个评委从不同视角进行提问和评价，最后对候选人的各项表现进行无记名打分，取平均分作为最终的面试得分，这样做相对更加客观公正。但是要注意评委们的背景差异，有时需要对分值进行校准。

4. 天生我才测评

通过进行人格和性格测试、岗位技能测试等科学的测评，系统地评估候选人的性格特质、工作风格、管理潜力等，再将测评结果与面试表现相结合，基本能够较全面地刻画出候选人画像。但要注意：测评工具要专业，使用和解读也需要专业培训。

5. 结构化评分卡

要对结构化面试中的每一道题目设定明确的答案要点和评分标

准,如"有无展示某种能力""展示程度如何"等,并根据不同要点的重要性赋予权重,面试官据此逐题打分,最后加权平均,可确保评分条理化、规范化、可量化。

6. 关键事件法

聚焦于候选人在面试中提及的一些关键事件,如"最成功的一个项目""最有挫折感的一次经历"等,分析其在事件中的关键行为表现,同时结合表现结果,归纳、判断候选人的优势特质与待改进之处,能较细致入微地评价其实际工作能力。

7. 联合考察制

在面试的基础上,增加情景模拟、无领导小组讨论、角色扮演等考察环节,从多个维度、多种方式了解候选人,然后汇总候选人在各环节的表现,组织评委进行联合讨论,综合多方意见后形成评价结论。这样做,评判视角更加多元,但实施起来相对复杂。

需要注意的是,无论采取何种测评方法,都要基于客观事实和具体表现来评判候选人,切忌主观臆断或武断。另外,测评方法的使用也要因岗位而异,如管理岗位可侧重领导力测评,销售岗位可侧重情商测试等。只有贴合岗位实际,评估候选人的关键能力素质,才能真正选对人、用对人。

综合运用多种测评方法,能够从不同的角度印证候选人的真实能力和水平,相互补充。但是,还需将评价结果反馈给用人部门,接受其质询,以检验测评是否客观准确,是否契合用人需求。人才测评的结果必须经得起推敲。

总之，人才测评不能只看面试这一时，而要建立全方位、科学化的测评体系。测评方案设计、测评实施执行、测评结果应用等各环节都要秉持客观、专业、细致的原则。唯有如此，才能真正实现知人善任，为企业选贤任能提供有力保障。

4.4 选拔优秀人才的关键因素

在面试和测评的基础上,还需明确优秀人才的关键特质,建立科学的人才识别标准,以高效地辨识、选拔出真正优秀的人才。本节将探讨选拔优秀人才需要把握的几个关键因素。

1. 专业能力是基本要求

专业能力是指完成某项工作所需的专业知识、技能和经验。对任何岗位来说,扎实的专业能力都是开展工作的基本前提。如程序员要精通编程语言,会计要熟悉财务准则,销售要懂得营销技巧等。

在选拔人才时,要充分考察候选人的专业能力,主要包括以下几个方面。

(1)知识储备:掌握了多少本岗位必备的专业知识?对相关领域有多少了解?

(2)技能水平:专业技能娴熟程度如何?实际操作中是否得心应手?

(3)经验积累:在该领域有无相关的项目、案例经验?经验是否丰富?

（4）专业成果：在以往工作中是否有拿得出手的专业成果？成果质量如何？

（5）学习能力：面对新知识、新技术，学习吸收的速度和质量如何？

通过问答、笔试、案例分析、现场操作等多种方式，多维度地评估候选人的专业能力，确保其符合岗位要求，能够胜任实际工作。对于专业型人才，专业能力的考察要占较大权重。

2. 发展潜力是核心要素

发展潜力决定了人才能够走多远、成长空间有多大。对企业而言，选拔人才不能只盯着"现成的料"，更要看重"未来的势"。尤其是管理岗位，候选人的发展潜力至关重要。那么，人才发展潜力主要体现在哪些方面呢？

（1）逻辑思维：是否具备清晰缜密的逻辑分析能力？能否对复杂问题进行条理化的分解、归纳、演绎、评估？

（2）创新意识：思考问题时是否敢于突破常规？能否提出新颖的观点和解决方案？

（3）领导力：能否有效带领和激励团队？是否具备大局观和决策力？

（4）学习力：面对新问题、新环境时，能否快速学习，并将学习转化为实践？

（5）抗压性：在高压和逆境下，能否保持积极的心态和昂扬的斗志？能否有效调节压力？

通过结构化面试、情景模拟等方式，可以深入考察候选人的发展潜力。例如，给候选人一个复杂的案例，让其现场分析、决策，或者反复追问候选人在某个问题上的深度思考等。考官要善于捕捉候选人在思考问题、应对挑战时流露出的言行特征，由此判断其在智力、思维、性格等方面的发展潜力。对于后备管理人才的选拔，要将发展潜力作为核心考量维度。

3. 价值匹配是情投意合的催化剂

价值观折射一个人看待世界的基本立场，决定其做人做事的根本原则。企业选人用人，候选人的个人价值观与企业文化的契合度非常重要。二者若不匹配，即便候选人专业能力、发展潜力再强，也难以真正融入企业，与企业并肩作战。

可以围绕以下几点考察候选人与企业的价值观匹配度。

（1）处世准则：做人做事有无原则？有无底线？如何看待诚信、责任、奉献等？

（2）职业操守：在利益与道德发生冲突时，会如何抉择？能否坚守职业良知？

（3）团队意识：是否具备集体荣誉感？能否为团队利益牺牲个人利益？

（4）进取心：对成长和发展有多大渴望？事业心强不强？懂不懂争先创优？

（5）家国情怀：是否关心企业和社会的发展？能否将个人理想与企业、国家的前途命运联系在一起？

考察一个人的价值观，往往需要将其放在具体情境中。可以设置一些两难困境的假设,看候选人如何权衡、取舍。也可以请候选人分享有关价值观冲突的真实经历,考察其选择判断的过程。还可以请候选人谈谈对本公司企业文化的认识,看二者在价值观、理念上有多少共鸣。总之,要透过现象,洞察候选人在人生观、世界观、价值观方面与企业的契合程度。

4. 综合素质是锦上添花的加分项

除了专业能力、发展潜力、价值观匹配等必备要素,一些锦上添花的综合素质也是选用人才时的重要考量因素。这些综合素质能使其在同类人才中脱颖而出、熠熠生辉,主要包括以下几个方面。

(1)沟通表达:能否准确、清晰、有条理地表述观点?对他人的观点能否进行善意的理解和回应?

(2)人际交往:待人接物是否真诚、友善?是否具备同理心?能否建立良好的人际关系网络?

(3)仪表形象:着装打扮、举止谈吐、面貌气质等是否得体、大方、有亲和力?

(4)人文修养:是否具备一定的人文知识积累?眼界是否开阔?在文体艺术等方面是否有所涉猎?

(5)社会责任:是否有社会责任感?能否主动投身社会公益事业?在企业社会责任方面能否担当、有为?

以上这些综合素质可通过面试交流、人际互动、情景演练等环节考察。面试官要善于通过候选人的一言一行、一颦一笑,捕捉其在气质、修养等方面的闪光点。这些特质虽不如专业能力等那般硬核,但往往是人才个性魅力的体现,值得企业予以关注。

总之，选拔优秀人才需要建立科学的评判标准和考察维度。专业能力是基本盘，发展潜力是核心要义，价值匹配是情投意合的催化剂，综合素质是锦上添花的加分项。只有对这些要素进行全面考察、系统评价，才能全景式地刻画候选人，辨识出真正的优秀人才。

当然，具体到不同岗位，对人才的要求也会有所侧重。如销售岗位可能更看重人际交往能力，研发岗位可能更看重专业技术水平，管理岗位可能更看重领导力和决策力等。因此，在选拔人才时，要因岗施策、有的放矢，突出考察有关岗位的关键胜任特征。

同时，对于不同层级的人才，评判标准也应有所区别。基层人才的考察可侧重专业能力和发展潜力，中层人才要更重视管理能力和领导力，高层人才则要特别关注战略视野和决策智慧。选人用人要因人而异、分层把握，避免"一刀切"。

此外，人才选拔还要放在人才发展的全周期中来审视。优秀人才的甄别和考察不是一蹴而就的，而是一个持续观察、动态评估的过程。从招聘、培养，到使用、留用，只有经受住全流程的考验，才能最终证明其是企业的栋梁之材。

需要强调的是，再优秀的人才，也不可能十全十美，必然有短板和弱项。选人用人要善于甄别候选人的特长，宁缺毋滥。同时也要善于捕捉其身上的闪光点，可以举贤不避亲。对于确有真才实学、符合企业价值观的人才，即便有些小瑕疵，也大可不必斤斤计较。"慧眼识英才，爱才如爱宝"，选人不要吹毛求疵，而要眼光长远、慧眼识珠。

选拔优秀人才既是一门科学，也是一门艺术。既要秉持科学的方法、专业的视角，还要练就一双慧眼，善于发现人才身上的闪光点。唯有如此，才能选贤任能，为企业源源不断地输送优秀人才，为事业发展提供不竭动力。企业要以海纳百川的胸襟，包容并蓄、兼收并录，广开进贤之路；以慧眼识珠的眼光，唯才是举、简拔尊贤，让优秀人才脱颖而出、各尽其用。

第 5 章
人才盘点与培养

企业招到一批优秀人才后，人才管理的重心就要转移到存量人才的盘点与开发上来。"知屋漏者在宇下，知政失者在草野。"只有摸清人才底色，才能因才施策，最大限度地调动和发挥人才价值。

教学相长。持续培养人才、赋能于员工，是把人力资源优势转化为核心竞争力的关键一招。一方面，要盘点人才，全面了解人才的结构、能力和潜力，这是做好人才管理的大前提；另一方面，要因材施教，为不同人才提供适宜的培养计划和发展路径，推动人尽其才、才尽其用。二者相辅相成，缺一不可。盘点为培养提供方向，培养为盘点赋予意义。唯有掌握"人才家底"，才能擘画"人才蓝图"，企业的人才队伍才能不断发展壮大，人才优势才能源源不断地转化为企业的发展优势。

第 5 章 人才盘点与培养

5.1 盘点人才池，赋活员工

人才盘点就是系统地梳理企业的人才资源状况，摸清"人才家底"，找出人才缺口，为人才规划、人才开发奠定基础。这是人才管理的"第一粒扣子"，只有如实掌握了人才的底数，后续的选、用、育、留等各项工作才能有的放矢、事半功倍。

人才盘点要从数量和质量两个维度开展。前者主要从人才的规模、年龄、学历、专业、职级等方面描述人才资源的存量和结构；后者则是深入考察人才的专业能力、发展潜力、胜任力水平等，剖析人才的层次和专长。二者相结合，才能全景式勾勒出企业的"人才群像"。

具体来说，人才盘点主要包括以下几种类型。

1. 结构盘点

梳理人才队伍的年龄、学历、专业、职级等结构性指标，分析人才结构的均衡性、合理性，为人才结构优化提供参考。如分析员工的年龄结构是否老龄化、学历结构是否高学历化等。

2. 能力盘点

考察员工的专业能力、通用能力、领导力等，了解不同层次人才的能力现状和提升空间。常用工具有360°评估法、评价中心技术（Assessment Center，简称AC）、能力测评量表等。

3. 潜力盘点

发掘员工的发展潜力，识别并培养高潜力人才。这需要考察员工的学习力、创新力、领导力等发展潜质。常用工具有个人发展潜力测评、发展中心法（Development Center，简称DC）等。

4. 绩效盘点

分析员工绩效表现的优劣，考核其工作业绩和行为表现。绩效反映员工的实际工作能力，是盘点员工"真本事"的重要途径。

5. 职业生涯盘点

了解员工的职业发展意愿，帮助其规划职业发展路径。这需要与员工进行深入沟通，挖掘其职业兴趣、专长、志向等，分析其职业定位是否准确、发展方向是否明确。

6. 继任盘点

围绕关键岗位，考察后备人才的继任准备情况，识别并培养接班人才。这对管理类、专业类关键岗位尤为重要，事关企业核心岗位的人才储备和梯队建设。

以上盘点维度并非孤立，而是相互交织、层层递进的。结构盘点摸清"人才家底"，能力盘点考察人才的"真章"，潜力盘点挖掘人才的"闪光点"，绩效盘点检验人才的"真本事"，生涯盘点谋划人才的"新方向",继任盘点布局人才"新梯队"。六者环环相扣、逐层深化,构成了一个全面、系统的人才盘点体系。

当然,人才盘点不是目的,而是手段,其最终指向是"以人为本",激发每一位员工的内在潜能,让员工在工作中感受到自我价值的实现。通过客观、全面的人才盘点,企业能更加立体地认识员工,洞察员工的特点,发现员工的闪光点。在此基础上,企业要因材施策,因人而异,为不同员工提供匹配的岗位、培养方案和发展路径,让员工人尽其才,让人才价值最大化。

例如:通过能力盘点,识别出某员工在数据分析方面有特长,就可以考虑把他调任到数据岗,让他如鱼得水;通过潜力盘点,发现某员工有卓越的领导力潜质,就可以为其制订领导力培养计划,使其加速成长为管理者;通过职业生涯盘点,了解到某员工有创业的志向,则可以支持其在内部创新孵化平台开展项目,让其小试牛刀。种种举措,无不彰显着以人为本的人才理念。

人才盘点看似考察、评价员工,但其深层逻辑是唤醒、激发员工的内在潜能。这就要求企业在人才盘点的过程中,充分尊重员工的主体地位,积极引导员工参与,让盘点成为企业与员工互动、交流、共创的过程。以开放的心态听取员工的意见,以平等的姿态与员工探讨和交流,让员工感受到被重视、被欣赏。这样,盘点过程本身就能成为一剂激励员工斗志、点燃员工干劲的"强心针"。

但是,需要强调的是,人才盘点只有与后续的人才培养、发展衔接,才能形成完整的人才生态。盘点是摸清人才情况的第一步,关键要在盘点的基础上因才培养,让人才持续成长;在盘点的指引下科学配置，让员工各尽其用、人尽其才。从"了解"到"培养"，从"盘点"到"赋活"，环环相扣、步步深入，方能激活人才红利，助推企业发展。

人才盘点不止于"了解员工"，更要"赋活员工"。盘点是起点，赋活是归宿。唯有充分了解员工，才能因材施策；唯有持续赋能员工，员工才能人尽其才。两者相辅相成，共同促进员工的成长和发展，人才红利才能源源不断地转化为发展红利。

5.2 人才盘点常用的工具与模型

人才盘点是一项系统的工程,需要运用科学的工具和模型,提升盘点的专业性和精准性。这些工具和模型既是人才盘点的"利器",也是人才管理者的"法宝",通过对个人特质和岗位要求这二者进行匹配度分析,能够更加客观、全面地评估人才,为人才配置、人才培养提供可靠依据。本节重点介绍几种人才盘点的常用工具和模型。

1. 九宫格矩阵模型

九宫格矩阵模型通过横、纵两个维度,将人才划分为若干类型,直观展示人才的分布情况。常见的九宫格矩阵模型有以下三种。

(1)绩效-潜力矩阵:按照绩效表现和发展潜力两个维度,将人才划分为明星型、潜力型、堪用型、待观察型等九种类型。

(2)能力-态度矩阵:按照能力水平和工作态度两个维度,将人才分为优秀型、良好型、改进型、淘汰型等。

(3)经验-学习矩阵:按照专业经验和学习能力两个维度,将人才分为专家型、学习型等。

九宫格矩阵模型能直观地展示人才的分布结构，识别关键人才群体，为人才梯队建设、人才发展路径规划等提供参考。

2. 胜任力模型

胜任力模型是以胜任力为核心，对员工的知识、技能、能力、动机等特质进行系统评估的工具。它从员工的外显行为、表现出发，判断员工在特定岗位上取得优异绩效所需具备的素质，进而对员工现有的胜任力水平进行评估，找出员工胜任力的强项和短板。

运用胜任力模型盘点人才，一般包括以下三个步骤。

（1）构建胜任力模型：针对不同岗位，提炼影响绩效的关键胜任力要素，并明确各胜任力的行为表现。

（2）评估员工的胜任力：通过行为事件访谈、360°评估等方式，全面收集和员工胜任力有关的事实依据。

（3）生成胜任力报告：生成员工的个人胜任力报告，明确其胜任力水平及改进方向。然后，根据盘点结果，开展推动人岗匹配、制订培养计划、指导职业发展等后续工作。

胜任力模型能客观评估员工的能力短板，挖掘员工的潜在优势，是开展人才盘点、培养、干部选拔的重要工具。

3. 各类人才测评工具

人才测评工具是通过心理测量的方法，客观评价人才的性格特质、行为偏好、能力倾向等，可分为性格测试、能力测试、行为测试、情景测试等类型。常见的测评工具有以下几种。

（1）MBTI人格量表：通过4个维度的组合，将人划分为16种性格类型，了解人才的性格特点和行为偏好。

（2）霍兰德职业兴趣量表：从实际型、研究型、艺术型、社会型、企业型、常规型6个维度，评估人才的职业兴趣和职业倾向。

（3）卡特尔16种性格因素测验：从16个维度评估人才的性格特质，分析其行为模式、情绪倾向、人际风格等。

（4）领导力多维评估：评估人才的领导力水平，找出其领导力的优劣势，指导其培养领导力。

通过使用人才测评工具，可以洞悉人才的内在特质，辅助人岗匹配和人才甄选。但要注意测评结果的解读和应用，避免简单化、标签化。

4. 人才盘点访谈

人才盘点访谈指的是通过对员工进行深入访谈，了解其能力水平、发展诉求、职业志向等，属于定性的人才盘点方法。常见的访谈类型有以下三种。

（1）绩效反馈访谈：就绩效表现与员工进行深入讨论，分析其绩效短板，与员工共同制订改进计划。

（2）职业发展访谈：挖掘员工职业发展诉求，引导其思考职业发展方向，为其提供发展建议。

（3）关键人才访谈：与关键人才进行一对一访谈，了解其诉求并提供针对性的发展支持。

人才盘点访谈一般比较深入，有助于企业全面了解人才，也能增进企业与员工的沟通交流。但访谈时要注意针对性和有效性。

除上述工具外，企业还可根据实际需要，开发和使用人才盘点的定制化工具，如关键岗位任职资格盘点表、人才发展潜力评估量表等。总之，人才盘点工具千差万别，关键是要契合企业实际，突出针对性、科学性，切实为人才管理决策提供参考和支持。

<案例>

某大型家电制造企业在智能化转型的关键时期，迫切需要盘点公司内部人才，重点识别研发中心和营销中心的高潜力人才和关键岗位继任者。

研发中心主要负责新产品开发和技术创新，现有研发人员80人。营销中心主要负责产品推广和渠道管理，现有营销及销售人员120人。两个中心是此次重点人才盘点对象。盘点过程主要分为以下四个步骤。

1. 明确盘点对象与维度

对于研发中心，重点盘点维度包括：技术专业能力、创新思维、跨部门协作能力、项目管理能力等。对于营销中心，重点盘点维度包括：市场洞察力、客户管理能力、跨文化交际能力、数字化营销技能等。

2. 运用九宫格矩阵模型进行初步评估

公司采用九宫格矩阵模型对盘点对象进行初步评估。

例如，研发中心的张工在过去的一年中成功主导了两个重点研发项目，展现了出色的技术创新能力和项目管理能力。主管给予张工很高的评分，将其划分在矩阵的"明星"象限（高绩效高潜力象限）。

又如，营销中心的李工，他虽然业绩达标，但主管认为其市场洞察力有待提升，客户管理能力也有所欠缺。主管将其划分在矩阵的"骑兵"象限（高绩效低潜力象限）。

3. 结合人才测评工具进行客观测评

为了更全面地评估人才，公司采用了一系列测评工具。

研发中心采用了创新能力测评（Innovation Ability Test），重点测评员工的创新思维、问题解决能力等。

营销中心采用了情商测评（Emotional Intelligence Test）和人格测评（Personality Evaluation），以评估员工的人际交往、应变能力等。

测评结果显示，张工在创新能力测评中获得了极高的分数，进一步印证了其出色的创新潜力。而李工的情商测评结果则略低于平均水平，这在一定程度上解释了其客户管理能力不足的原因。

4. 召开人才盘点评审会议

在人才盘点评审会议上，研发中心总监强调，张工不仅技术能力出色，而且善于跨部门协作，多次推动研发中心与营销中心的有效对接，是中心未来的关键人才。与会人员一致认可张工的盘点结果。

而对于李工，营销中心总监指出，尽管其当前业绩尚可，但其能力提升空间有限。未来可以考虑转岗，安排其从事内勤支持等工作。

最终，公司识别出研发中心高潜力人才16人，营销中心高潜力人才22人。其中，研发中心的5人、营销中心的7人被列为关键岗位继任人才，将被纳入重点培养计划。

通过上述这个案例，我们可以更加具象地了解人才盘点的过程与方法。借助科学的工具，并深入考察员工在实际工作中的表现特质，企业可以更加立体、更加准确地分析每一位员工的特质，从而做出最优的人才决策，为企业智能化转型提供坚实的人才保障。

人才盘点工具和模型为人才管理插上"科学的翅膀"，让识才、育才、用才有章可循。但是，再先进的工具也只是工具，关键要学会运用，要将工具赋予灵魂，要通过解析数据洞察人心，只有这样，人才盘点才能创造出真正的价值，人才优势才能真正转化为发展优势。

5.3 制订高潜力员工个性化培训计划

人才培养是企业人才队伍建设的重要内容，尤其是高潜力人才的培养，更是关系到企业未来的发展。高潜力人才是企业的"明日之星"，其成长速度和发展空间远高于普通员工，代表企业未来的希望。因此，对高潜力员工要给予更多资源倾斜，要进行重点培养，要充分考虑其个人特质和发展诉求，为其制订个性化的培养方案，让"明日之星"尽快成长为"今日栋梁"。

1. 高潜力员工的特点

高潜力员工的特点决定了对其的培养方式应有别于一般员工，必须"因材施教、量身定制"——既要满足其发展需求，又要契合企业的长远利益，从而实现员工与企业共同成长。高潜力员工往往具有以下几个典型特点。

（1）学习能力强：有较强的学习意愿和学习能力，能快速掌握新知识、新技能。

（2）发展速度快：能力和绩效提升速度明显快于常人，展现出优于常人的发展潜力。

（3）抗压能力强：面对压力和挑战，能保持积极乐观的态度，化压力为动力。

（4）创新意识强：勇于改革创新，能提出新思路、新方法，常常突破常规思维。

（5）领导力潜质佳：具备全局观念和领导意识，善于带领和影响他人。

2. 个性化培训计划的六大原则

制订高潜力员工的个性化培训计划，要把握以下几个主要原则。

（1）与企业战略相匹配：个人培养要服从和服务于企业发展大局，要结合企业发展战略和人才队伍建设规划，使个人成长与企业发展同向而行。

（2）以员工为中心：充分考虑员工的职业志向、发展诉求、能力特点等，做到因材施教、因人而异，让员工感受到企业的良苦用心。

（3）注重实战锻炼：高潜力员工往往学习能力强，更需要在实践中历练成长。要为其提供足够的实战机会，使其在磨炼中加速成长。

（4）体现延展性：高潜力员工的发展空间大，培养计划要具有足够的延展性，要为其规划未来3至5年，乃至更长时间的发展路径。

（5）强调针对性：要针对高潜力员工的能力短板，有的放矢地补强；要针对高潜力员工的发展潜力，精准施策助其腾飞。务必要做到"对症下药"。

（6）坚持动态调整：高潜力员工的成长往往是跃升式的，对其的培养计划要实行动态调整机制，根据其成长变化，适时调整。要做到培养计划与其成长时间相适应、培养进度与其成长节奏相匹配。

3. 个性化培训计划的主要内容

高潜力员工的个性化培训计划一般包括以下主要内容。

（1）知识技能提升计划：针对高潜力员工在知识技能方面的短板，有针对性地为其提供培训和学习资源，如行业前沿知识、专业技能强化训练等，帮助其快速提升技能。

（2）领导力发展计划：根据高潜力员工的领导力潜质和不足之处，为其量身定制领导力发展项目，如领导力课程、领导力训练营、领导力考察等，着力打造其领导力素质。

（3）实战锻炼计划：为高潜力员工设计有挑战性的实践任务，如派其挂职锻炼、参与重点项目、轮岗历练等，让其在实战中"强筋壮骨"。

（4）职业发展路径规划：根据高潜力员工的职业志向和企业发展需要，为其规划中长期职业发展路径，并明确其阶段性目标和行动方案。

（5）导师辅导计划：为高潜力员工匹配德高望重的导师，在专业指导、经验传授、角色示范等方面给予其全方位的帮助和支持，助力其迅速成才。

（6）外派学习计划：选送高潜力员工外出学习深造，赴标杆企业考察游学，开阔眼界、更新理念。

（7）关键岗位历练计划：根据高潜力员工的特点和企业对后备人才的需求，为其提前规划关键岗位任职路径，并在合适的时机予以任用，让优秀人才脱颖而出。

（8）项目牵头计划：给高潜力员工压担子，让其牵头负责具有一定难度和挑战性的项目，使其在锻炼中加速成长。

（9）跨界交流计划：为高潜力员工搭建跨部门、跨业务的交流平台，拓宽其视野和知识面，提升其统筹协调、资源整合能力。

以上每项内容并非孤立，而是相互交织、相辅相成的，要根据高潜力员工的实际情况，选择与其匹配的要素，进行针对性的设计，构建出系统、完整的个性化培养方案。

4. 个性化培训计划的实施保障

高潜力员工培养计划"落地开花"有赖于一系列保障措施的实施，保障措施主要包括以下几个方面。

（1）高层重视与支持：高潜力员工培养要得到高层领导的高度重视和大力支持，培养过程中要给予政策、资源等方面的倾斜。

（2）培养责任到人：明确培养责任人，包括高潜力员工的直属领导、人力资源干部等，并将培养责任纳入相关人员的绩效考核。

（3）建立培养台账：对高潜力员工的培养进度、过程、效果等进行登记造册，做到心中有数、台账清晰。

（4）加强过程管理：人力资源部要加强对高潜力员工培养过程的统筹管理，及时协调、解决培养过程中遇到的困难和问题。

（5）完善配套机制：建立与高潜力员工培养相匹配的选拔机制、考核机制、激励机制等，形成完整的高潜力员工培养体系。

<案例>

某金融科技公司进行人才盘点后,识别出20名高潜力员工。公司希望通过实施个性化的培训计划,进一步发掘他们的潜能,助力其成长为公司的未来领导者。

人力资源部经过慎重研究,决定从以下四个步骤入手,为他们制订个性化培训计划。

1. 确定培养目标

人力资源部与高潜力员工的直属主管进行了深入沟通,了解每位员工的职业发展诉求。同时,他们也分析了公司的战略发展方向,确定了培养这批高潜力员工的总体目标——使他们5年内成长为公司中高层管理储备人才。

以其中一名高潜力员工小王为例。小王是数据分析部门的业务骨干。结合小王的发展诉求和公司的人才需求,其培养目标被确定为:3年内晋升为数据分析部门主管,5年内成长为公司数字化转型的关键领导者。

2. 评估能力缺口

公司全面评估了高潜力员工的能力现状。除了参考过往的绩效评估结果,公司还对他们展开了一系列有针对性的评估。

(1)领导力评估:通过360°评估,全面了解了高潜力员工的领导力水平,包括决策力、执行力、沟通协调能力等。

(2)专业能力评估:根据员工所在的专业领域,评估其专业知识和技能掌握程度。例如,对数据分析师进行SQL、Python等专业技能测试。

（3）学习敏捷性评估：通过学习能力测试，评估员工适应新知识、新环境的能力。

通过系统的评估，公司清晰地洞察到每位高潜力员工的能力缺口。例如，小王在专业技能方面表现优异，但领导力评估显示，他在跨部门协调方面还有提升空间。

3. 匹配培养资源

在明确了培养目标和能力缺口后，公司有针对性地为每位高潜力员工匹配了相关培养资源。

（1）领导力培养：小王被选送参加为期一年的"未来领导者"培训项目。该项目通过系统的课程学习和实战演练，重点提升学员的战略思维、变革领导力等。此外，小王还将接受一对一的高管辅导，学习领导者的经验智慧。

（2）专业能力提升：公司为小王量身打造了数字化转型学习路径图。通过参加内外部专业培训、技术会议等，小王将系统地学习数字化转型所需的前沿知识和实践技能。同时，他还将有机会参与公司层面的数字化转型项目，快速积累实战经验。

（3）跨部门轮岗：为拓宽小王的视野，提升其跨部门协作能力，公司为他制订了为期半年的轮岗计划，使其深入了解业务、技术、营销等不同部门的运作，学会多角度思考问题。

4. 评估与优化

个性化培训计划实施后，公司持续跟踪高潜力员工的成长情况。通过学习反馈、主管访谈等方式，动态评估培养效果。

例如，小王在"未来领导者"项目学习中表现出色，领导力得

> 到明显提升。但在数字化专业学习中,他反映某些课程内容与实际工作结合不够紧密。人力资源部针对小王的反馈,及时优化了课程体系,以更好地匹配小王的实际需求。
>
> 经过两年的个性化培养,公司的这批高潜力员工的能力水平和职场表现都得到显著提升,成为所在部门的中坚力量,并逐步承担起更重要的管理职责,向未来领导者的目标稳步迈进。

对高潜力员工进行个性化培养,体现的是企业的春风化雨、润物无声的人才培养智慧。为高潜力员工制订个性化培养方案,不仅仅是人力资源部门出面,更需要企业上下共同参与。领导重视是前提,部门配合是保证,制度规范是基础,氛围营造是关键。要在企业内形成"人人重视人才、人人培养人才、人人成就人才"的浓厚氛围。

对高潜力员工的培养也要讲究"标准合理、节奏适度"。培养标准要考虑企业的实际情况,既要富有挑战性,又要可望可及。要把握培养节奏的分寸,既要激励其尽快成长,又不能操之过急。要尊重人才成长规律,给予高潜力人才足够的缓冲期和适应期。急于求成、拔苗助长只会适得其反。

高潜力员工也是可塑之才,关键要发挥其主观能动性。平时要加强沟通和引导,帮助其树立正确的成长观、价值观;要搭建多元化的成长平台,为其提供丰富多彩的成长机会;要构建开放进取的企业文化,让其时刻感受到企业的温度和发展的动力。

总之，制订高潜力员工个性化培养方案需要企业上下共同发力，需要持之以恒。每一个环节都要力求精准，每一次迭代都要不断优化。

5.4 跨部门合作与知识分享

在当今瞬息万变的商业环境下,企业内各部门紧密协作,并在合作过程中进行知识共享,已成为企业绩效提升和可持续发展的关键要素。打破部门壁垒,促进跨部门协同,让知识在企业内部充分流动、传递和再创造,不仅能激发企业的创新活力,更能全面提升企业应对复杂多变环境的核心竞争力。

5.4.1 跨部门合作的意义

跨部门合作是一种打破部门界限、促进不同部门间开展广泛而深入的业务协同与资源整合的工作方式。每个部门都有其独特的优势和专长,通过跨部门合作,优势得以互补,产生"1+1>2"的协同效应,从而全面提升企业的整体绩效。

跨部门合作的另一个重要意义在于,有利于统筹全局,树立"一盘棋"的思想，强化企业的整体协作意识和能力。当不同部门的员工走出各自的舒适区，相互了解和支持彼此的工作，企业的凝聚力和向心力就会大大提高。

此外，跨部门合作还能促进知识的交叉融合，不同专业背景的人聚在一起，集思广益，往往能激发出前所未有的新思路、新方法。这种跨界合作模式，已经成为许多企业追求创新的重要途径。

从资源利用的角度看，跨部门合作可以实现资源共享，避免资源重复配置和低效利用，从而节约运营成本。办公场地、设备、数据信息等，都可以通过部门间的相互支持来提高使用效率，降低闲置浪费。

跨部门合作还能打破部门间的壁垒，提高企业运营效率。当部门间的沟通更顺畅、配合更默契时，企业就能更快地对内外部需求做出响应，行动更加敏捷灵活，整体竞争力也会得到显著增强。

总之，跨部门合作已经成为现代企业不可或缺的工作方式。它不仅能提升绩效、促进创新，还能优化资源配置，提高效率，是企业变革和发展的重要推动力量。

5.4.2 知识分享的价值

本书指的知识分享是指企业内部的知识在不同部门、不同员工之间传播、吸收和再创造的过程，是企业进行知识管理的核心环节。其价值主要体现在以下五个方面。

（1）传承经验，提升认知：通过知识分享，员工可以传承有关经验，扩展认知边界，不断提升专业技能和综合素质。

（2）优化流程，提质增效：知识分享有助于优化业务流程，促进最佳实践在企业内部的推广应用，提升运营质量和效率。

（3）促进创新，保持活力：知识交流碰撞往往是创新的源泉，知识分享有利于萌发新思路、新方法，为企业注入持久的创新活力。

（4）促进协作，优化氛围：知识分享有利于加强员工间的互动交流，增进彼此的了解，营造互信协作的企业氛围。

（5）保存知识，夯实基础：通过知识分享，个人知识可以转化为企业知识，有利于知识的沉淀、积累，夯实企业的知识基础。

5.4.3 构建跨部门知识分享体系

1. 建立知识共享型的跨部门合作机制

企业要建立、健全知识共享型的跨部门合作机制，将知识共享贯穿于协同工作的全过程。在跨部门项目启动之初，就应明确知识共享要求，将知识沉淀、经验提炼作为项目考核的重要指标。在项目推进过程中，要定期开展知识分享会、经验交流会等，鼓励员工及时分享工作心得。在项目进行阶段性总结和结项复盘时，更要系统梳理和提炼各种知识，形成正式的知识文档，上传至知识库，使之得到广泛分享。唯有将知识共享融入跨部门合作的每个环节，才能最大限度地促进知识交流。

2. 依托跨部门合作平台集聚、分享知识

依托跨部门合作平台，可以高效集聚各方知识，让知识分享更为便利。企业可充分利用协同办公系统、项目管理软件等工具，在跨部门团队间构建虚拟工作平台。员工可随时在平台上发起讨论、分享信息、记录灵感，让知识在协同工作中自然流淌。当某个项目遇到难题时，可在平台上发起"头脑风暴"，集思广益、各抒己见，促进跨领域知识融合。平台还可归集项目各阶段形成的会议纪要、设计方案、阶段总结等，用社区化的方式来分享，让知识资产可被检索、评论和再利用。

3. 鼓励人员跨部门轮岗，以播撒知识种子

进行跨部门合作时，可适当采取人员轮岗的方式，鼓励不同部门的员工轮换工作或挂职锻炼，让他们成为知识共享的"使者"。当一个研发工程师去市场部门轮岗时，他可向市场部的同事分享产品技术特点，帮助其更好地把握客户需求；而通过与一线客户的沟通，他能直观地感知客户的需求和痛点，为产品改进提供参考。类似的跨部门轮岗如同一粒粒知识的种子，让专业知识开花结果。久而久之，企业内部自然就会形成"知识通才"梯队，成为企业知识的"毛细血管"。

4. 设立跨部门知识共享激励机制

要充分调动员工分享知识的积极性，要建立、健全跨部门知识共享激励机制。可将知识共享绩效纳入跨部门合作项目的考核体系，对贡献突出者给予奖励；可为知识共享设立专项激励基金，对优秀分享案例和个人予以表彰和奖励；更要在职级晋升、发展规划中对知识分

享者给予倾斜,让其真正感受到知识共享带来的回报。当企业形成了"知识越分享、回报越丰厚"的正向循环,跨部门知识共享行为就会蔚然成风、生生不息。

5. 厚植"跨界协作、知识共享"的企业文化

从长远来看,企业要将"跨界协作、知识共享"内化为企业文化基因。领导者要身体力行,通过讲话、邮件等方式强调知识共享的价值导向。在跨部门合作过程中,要弘扬"求同存异、兼容并蓄"的理念,尊重不同的观点,鼓励交叉学习。要广泛宣传跨部门知识共享的成功案例,让员工直观地感受知识共享的益处。当知识共享成为一种习惯、一种自觉,员工的学习能力就会不断提升。

跨部门合作与知识共享相互促进,二者融会贯通,能为企业发展提供源源不断的动力。

(1)推动企业创新:不同部门间的知识交叉、融合,常常是创新的源泉。跨部门知识共享,能使员工的思维方式产生碰撞,激发出创新的火花。

(2)提升工作效率:通过知识共享,员工能快速学习他人的经验,避免重复试错,不同部门能协同配合、优势互补,从而提升工作效率。

(3)加强企业的凝聚力:知识共享可以让员工感受到"我为人人,人人为我"的协作氛围,增强对企业的认同感和归属感,提升企业的向心力。

(4)增强企业的竞争力:拥有持续学习能力的企业,能更好地顺应外部变化,从容应对挑战,在波诡云谲的市场中笑到最后。

跨部门合作方能汇聚智慧,知识被共享方显其生命力。企业要弘扬"跨界协作、携手共享"的理念,让合作与共享的活水在企业中奔涌,其必能推动企业不断进化,在发展的道路上行稳致远。

第6章
人才流失与留存

人才是企业的核心资产，是推动企业不断前行的力量源泉。随着人才竞争日益激烈，人才流失已成为困扰众多企业的一大难题。优秀人才的流失不仅意味着企业人力资本的损失，也可能导致核心技术外泄、客户资源流失等连锁反应，对企业竞争力构成巨大威胁。因此，高瞻远瞩的企业必须将人才留存视为重要的工作，未雨绸缪，早做准备。

人才流失往往具有隐蔽性和潜伏期。当企业察觉到人才流失的危机时，往往为时已晚。

那么，企业如何才能尽早察觉人才流失的蛛丝马迹，从而及时采取针对性的留才举措呢？本章重点探讨人才流失预警与人才留存策略，力求为企业管理者提供一些启示。

第 6 章 人才流失与留存

6.1 识别人才流失的预警信号

人才流失往往有迹可循，敏锐的观察力和专业的分析，有助于企业及早察觉人才流失的预警信号。以下几个维度值得密切关注。

1. 工作绩效与积极性下降

当一向优秀的员工 KPI 开始出现大幅下滑、积极性降低等情况时，管理者要警惕是否存在人才流失的风险。这些变化可能源于员工对现有工作不满，或是外部出现更具吸引力的机会。管理者要及时和员工沟通，了解深层次的原因，有的放矢地激励员工，提振其工作热情。

2. 频繁请假或屡屡迟到早退

当员工开始频繁请假、屡屡迟到早退，甚至出现无故旷工的情况时，很可能已进入离职倒计时。尤其当这种行为发生在绩优员工身上时，更要高度重视。管理者要主动约谈员工，表示关切，了解其请假原因，询问其是否存在工作或生活上的困扰，并为其提供必要的帮助。

3. 敏感信息搜集行为增多

当员工开始有意搜集企业的核心数据、客户资源、战略信息等，管理者要提高警惕。尤其当员工的信息搜集行为超出日常工作范畴时，管理者更要注意是否存在泄密风险。管理者要加强信息安全管控，明确敏感信息的访问权限和审批流程，降低核心资源外泄的可能性。

4. 抱怨情绪蔓延与消极言论增多

不满情绪是人才流失的温床。当员工对工作环境、发展空间、薪酬待遇等方面产生强烈不满，并开始公开抱怨甚至散布消极言论时，就意味着其已与企业渐行渐远。管理者要用开放的心态倾听员工的意见，帮助其疏导负面情绪，并认真分析和解决员工所反映的问题。

5. 同事间摩擦冲突增多

当员工与同事、上级之间频频发生摩擦、冲突，团队关系日益紧张时，很可能预示着该员工正在失去对企业和团队的认同感。管理者要多观察员工的人际互动情况，当发现矛盾苗头时，要及时干预，化解误会，重塑良好的团队氛围。

6. 职业发展诉求得不到回应

人才最关注个人的职业发展。当员工的职业发展愿景与企业的人才规划出现偏差，其诉求长期得不到有效回应时，跳槽的风险就会陡然上升。管理者要与员工定期沟通其职业发展规划，了解其对职业的期待，并对其给予必要的引导和支持，帮助其在企业内实现职业理想。

7. 休假模式发生改变

当员工的休假模式发生显著改变时，也可能暗示着其正在考虑离职。例如，从不休年假的员工突然申请长时间休假，他很可能在利用假期参加面试。再比如，员工频繁申请调休或事假，他也可能是在处理跳槽事宜……管理者要多观察此类异常情况。

洞察人才流失的种种预警信号，需要管理者具备敏锐的洞察力、细腻的观察力和深厚的同理心。唯有未雨绸缪、早做准备，才能避免人才流失带来的惨重代价。当然，仅仅识别预警信号还远远不够，管理者还需要进一步采取有针对性的人才激励与留存举措。

6.2 人才流失多维归因

在识别了人才流失的预警信号后,企业还需进一步深入剖析人才离职的根本原因。唯有透过现象看本质,才能对症下药,制订行之有效的留才良方。人才流失的原因错综复杂,既有企业方面的因素,也有个人因素,还有外部环境的影响。本节将从以下几个维度展开分析。

1. 薪酬福利不具竞争力

在人才流失的众多原因中,薪酬福利问题可谓"总根源"。当员工感到自己的付出与收入不匹配,或薪酬水平远低于市场平均水平时,跳槽的冲动就会油然而生。此外,福利不全面、缺乏带薪休假等,也会引发员工的不满。一项调查显示,在众多的离职原因排序中,"薪酬待遇"高居首位,占比高达25%。由此可见,具有市场竞争力的薪酬福利是留存人才的基石。

2. 职业发展空间狭窄

员工不只在乎当下,更关注未来。如果企业的职业发展通道不畅,晋升机制不健全,员工看不到职业发展的希望,便会产生离职念头。

特别是雄心勃勃的优秀人才，他们渴望在事业上大展宏图。如果在现有岗位上始终原地踏步，他们很可能会选择去更广阔的天地。相关研究表明，在人才流失的原因中，"缺乏职业发展空间"仅次于薪酬因素，占比达21%。由此可见，企业为员工搭建职业发展的"高速路"，对人才留存至关重要。

3. 管理方式亟须改进

在日常工作中，员工直接面对的就是管理者。管理者的领导方式对员工的工作体验影响巨大。如果管理者的领导风格专横、缺乏人文关怀，或管理能力不足、决策失误频频，员工的工作积极性就会大打折扣，离职的风险也随之升高。数据显示，在离职原因排序中，"与上级的关系"排在第三位，占比达18%。由此可见，以人为本、与时俱进的管理是留住人才的法宝。

4. 工作内容设计有待优化

工作内容是否具有吸引力，是影响人才去留的又一重要因素。如果工作内容过于单调、重复，缺乏创新和挑战，员工很容易产生倦怠感。而当工作任务超出员工的能力范围，或工作强度过大、压力过重时，员工也难以长期承受。调查显示，13%的人才流失可归因于"工作内容设计不合理"。因此，企业要根据不同岗位和员工的特点，合理设计工作内容，做到"人岗匹配"，让员工的才智得以充分施展，让员工的工作压力维持在合理水平，才能有利于留存人才。

5. 对企业文化缺乏认同感

企业文化是凝聚人心的纽带。如果员工个人的价值观与企业文化不契合，就会逐渐失去归属感。一个充满负能量的企业氛围，比如同事间钩心斗角、团队缺乏信任与协作等，会加速员工离心离德。研究表明，11%的人才流失可归咎于"企业文化认同感差"。因此，企业要着力塑造积极向上、多元包容的文化氛围，让员工产生强烈的文化认同感，人才的忠诚度才会高。

6. 外部环境的诱惑力

除了企业的内因，外部环境的诱惑力也是触发人才流失的"助推器"。在人才争夺白热化的时代，各大企业纷纷抛出高薪"橄榄枝"，其他企业开出的优厚条件，会对人才形成强大牵引。此外，行业的快速变革，特别是新兴行业的崛起，往往也会吸引人才跳槽。据统计，外部市场因素导致的人才流失占比达12%。面对外部环境的诱惑，企业要时刻保持警惕，要不断增强人才在企业的获得感和幸福感。

7. 个人因素的影响

员工是鲜活的个体，人才流失也与其个人因素密切相关。当员工的职业规划与企业的发展方向渐行渐远时，其跳槽的概率会大大提升。一些家庭因素，如婚育、照顾老人等，也可能促使员工离开企业。数据显示，个人发展和家庭因素导致的人才流失分别占比9%和8%。企业要用人性化的视角审视人才，充分考虑其个人发展诉求，并给予其适当的人文关怀。

人才流失的原因千差万别，但万变不离其宗。企业要全面梳理上述因素，找出人才流失的症结，方能对症下药、标本兼治。只有在薪酬福利、发展空间、管理方式、工作设计、企业文化等方面精准发力，同时关注人才个体的诉求，提升企业的整体吸引力，才能最大限度地稳住人才留存的根基，推动企业基业长青。

6.3 制定留才策略，控制离职风险

在准确把握人才流失预警信号和深入剖析人才流失原因的基础上，企业需要进一步采取切实有效的风险控制举措，并系统制定科学的留才策略。

1. 建立人才风险预警机制

企业要建立健全的人才风险预警机制，加强对人才动向的实时监测。通过定期开展员工满意度调查、绩效考核和离职访谈等，动态掌握人才的心理状态和职业诉求变化，做到风险早发现、早预警、早应对。一旦发现人才流失的风险信号，人力资源部和直属领导要及时介入，深入沟通，了解其想法，消除其疑虑，将人才流失的风险控制在萌芽状态。

2. 优化薪酬福利体系

要想最大限度地留住人才，企业必须要在薪酬福利方面具备市场竞争力。要建立科学的薪酬管理体系，既要确保内部公平性，又要拥有外部竞争力。定期开展薪酬调研，根据市场水平和企业的承受能力，

适时调整薪酬标准。在法定福利的基础上，还要考虑弹性福利，为员工提供多元化选择。针对核心人才，企业还可以实施期权、限制性股票等中长期激励机制，让员工与企业利益深度捆绑。

3. 搭建多通道职业发展路径

要留住人才，特别是年轻人才，企业必须为其提供广阔的职业发展空间。企业可以探索建立管理型、专业型双通道职业发展路径，让人才各尽其才。要为人才营造持续学习、进步的良好环境，为人才制订个性化培养计划，为人才统筹安排各类培训项目，促进其职业能力全面提升。同时，还要完善人才盘点和内部竞聘机制，为优秀人才的脱颖而出创造条件。

4. 推行以人为本的管理模式

要想把人才牢牢地留住，领导者必须秉持以人为本的管理理念。要推行参与式管理，鼓励人才积极建言献策。要对人才体恤、关怀，在力所能及的范围内，为其排忧解难。同时，要充分授权、放权，赋予人才应有的自主权，调动其工作的主动性和创造性。领导者还要注重提升领导力，以身作则，凝聚人心，让人才心甘情愿地追随。

5. 营造积极向上的企业文化

企业要着力打造积极向上的文化氛围，增强人才的文化认同感与归属感。要努力营造开放、包容、鼓励创新的企业文化，让员工敢想敢试，勇于创新。要大力弘扬以客户为中心、以奋斗者为本的价值观，激发人才的责任感和主人翁精神。要做好企业文化的宣贯和渗透，通过企业年会、团建拓展等活动，增强企业的向心力和凝聚力。企业文化的建设要久久为功，润物细无声，让员工自觉对标优秀文化，与企业同频共振。

6. 关注员工个体诉求

"将心比心"是留住人才的至高境界。企业要从人性化的视角审视人才，充分理解和尊重其个体诉求。针对不同成长阶段的员工，设计差异化的关怀举措，比如为新人制订"导师计划"，帮助其快速适应；为新手父母提供必要的假期支持；等等。要定期和员工谈心，倾听其心声，对员工的合理诉求进行积极回应。此外，在力所能及的范围内，为员工提供必要的关怀，让员工感受到企业的人文温度。

7. 打造员工成长共同体

企业要努力打造员工成长共同体，与员工形成强大的命运共同体，让员工与企业同呼吸、共命运。企业要以员工为本，将员工的个人发展目标与企业发展愿景高度契合，让个人梦想在企业的舞台上生根开花。同时，企业也要履行社会责任，积极回馈社会，彰显价值担当，让员工对企业更加信赖。只有企业与员工相互成就，人才才有可能与企业患难与共，风雨同舟。

留住人才是一项长期而复杂的系统工程，需要企业上下协同发力，在硬性条件和软性环境两个维度持续优化。只有在战略高度重视人才，综合施策，进行系统性的优化，才能为人才松绑，激发人才活力，从而赢得人才的信任和忠诚，实现企业与人才的双向奔赴、和谐共生。

6.4 建立员工福利制度与企业文化

在人才争夺日益激烈的时代，单纯依靠高薪已经不足以吸引和留住人才。企业必须在员工福利和文化建设上下足功夫，以更加人性化的方式满足员工的多元化需求，让员工在物质和精神两个层面都有充分的获得感，才能赢得人才的青睐和忠诚。

1. 构建多元化福利体系

企业要致力于构建内容丰富、形式多样的福利体系，全方位呵护员工身心。在法定福利的基础上，还要根据企业的特点开发特色福利项目。可以从以下几个维度考虑。

（1）健康福利：为员工提供年度体检、补充医疗保险、健身房补贴等，关爱员工的身体健康。

（2）假期福利：除法定年假外，增设带薪病假、产假、陪产假等，让员工兼顾工作与生活。

（3）学习福利：设立专项培训基金，资助员工进修深造，助力员工能力提升。

（4）生活福利：提供餐补、交通补贴、节日礼品等，减轻员工的生活负担，提升员工的幸福感。

（5）家庭福利：为员工子女提供教育资助，为员工父母提供健康保障，让员工无后顾之忧。

同时，企业还要在福利的个性化方面下功夫。可对标行业领先企业，引入弹性福利，设置"福利菜单"，让员工根据自身需求自主选择福利项目，提升福利的适配性和满意度。

2. 打造以人为本的企业文化

卓越的企业文化是吸引和保留人才的制胜法宝。企业要着力打造以人为本、追求卓越的文化氛围，让员工在同频的环境中工作生活。

（1）人本理念：秉持以人为本的理念，尊重员工的主体地位，关注员工全面发展，让员工倍感企业的人文关怀。

（2）平等氛围：消除权力距离，营造民主平等的氛围，鼓励员工畅所欲言，让员工感受到尊重和认可。

（3）创新土壤：倡导创新，宽容失败，为员工的创意想法提供试错的土壤，激发员工的创新活力。

（4）多元包容：尊重差异，包容多元，让不同背景的员工都能找到归属感，促进员工间的交流与协作。

（5）社会责任：积极履行社会责任，投身社会公益，让员工在企业里找到使命感，生发出自豪感。

在塑造优秀的企业文化的过程中，高管要担当重要角色。领导者要身体力行，用自身行动感召员工，引领企业文化落地生根。同时，企业要重视优秀文化的传承，通过丰富多彩的文化活动，如优秀员工表彰、团建拓展等，让员工潜移默化地将优秀文化内化，自觉同企业文化同频共振。

3. 注重员工关系管理

企业要高度重视员工关系管理，努力营造和谐友好的员工关系氛围，让员工在心理上获得归属感和安全感。

（1）倾听机制：建立员工沟通的常态化机制，如定期召开员工恳谈会等，倾听员工的心声，及时回应员工的诉求。

（2）沟通平台：依托内部社交平台，搭建员工交流互动的线上空间，促进不同部门、层级间员工的无障碍沟通。

（3）员工活动：开展形式多样的员工活动，如员工生日会、家属开放日等，增进员工之间的了解和友谊。

（4）文体社团：支持员工成立各类文体社团，丰富员工的业余生活，发掘员工的才艺，增强企业凝聚力。

（5）人文关怀：在员工生老病死等重要时刻，送上企业的关心和慰问，让员工感受到企业大家庭的温暖。

用心做好员工关系管理，能让员工对企业产生强烈的认同感和归属感，工作投入度和忠诚度大大提升，员工的留存率也会随之升高。

4. 完善员工沟通反馈渠道

员工的心声能否被企业听到，是影响其去留的关键因素。在企业中，员工沟通反馈的渠道要畅通，企业要及时了解并回应员工的想法和诉求。

（1）定期谈心：领导者要与员工定期进行一对一的交心谈话，全面了解员工的想法，并给予针对性的指导。

（2）开展员工满意度调查：定期开展员工满意度调查，收集员工对企业各方面工作的评价和建议，找出管理提升点。

（3）受理员工的咨询和投诉：指定专门的部门受理员工的咨询和投诉，对员工反馈的问题及时跟进处理。

（4）总经理信箱：开设总经理信箱，鼓励员工直接向高层反映问题，并由专人负责收集、分类、回复、跟踪落实。

（5）离职访谈：坦诚地与离职员工沟通，深入了解其离职原因，找出企业在留才方面的薄弱环节。

总之，员工福利制度和企业文化建设是留住人才的两大法宝。企业要在物质福利和精神文化两个维度共同发力，以人性化的方式关爱员工，提升员工的获得感和幸福感。同时，企业还要注重人本管理，用心营造和谐的员工关系，并保持员工沟通、反馈渠道畅通，让员工时刻感受到企业的温度。企业唯有内外兼修、奖惩并施，才能搭建起物质和精神的"舒适屋"，让员工安心工作、爱岗敬业，释放出最大潜能，与企业携手共进，共创美好未来。

第7章
人才管理的法律与伦理

人才管理不仅仅是一项管理实践，更是一项法律和伦理的实践。在人才管理的过程中，企业必须严格遵守相关法律法规，确保管理行为合法合规。同时，企业还要恪守职业道德和伦理准则，以人性化的方式开展管理，维护员工的合法权益。唯有做到法律与伦理并重，企业的人才管理实践才能走上健康、可持续发展之路。

本章重点探讨人才管理的法律与伦理问题。首先，系统地梳理我国人才管理领域的相关法律法规，明确企业在人才管理过程中必须遵守的法律红线。其次，剖析人才管理可能面临的伦理风险，提出规避风险、体现人文关怀的伦理对策。本章将以案例的形式分析人才管理的法律与伦理实践，为企业科学开展管理提供借鉴。

7.1 了解人才管理的相关法律法规

人才管理必须遵循相关法律法规,这既是维护员工合法权益的需要,也是保障企业健康发展的需要。我国已出台一系列法律法规,对人才管理的各环节予以规范和约束,企业必须全面掌握并严格遵守。

1.《劳动法》和《劳动合同法》

《中华人民共和国劳动法》(以下简称《劳动法》)和《中华人民共和国劳动合同法》(以下简称《劳动合同法》)是规范劳动关系的基本法律。《劳动法》明确了劳动者与用人单位的权利和义务,规定了劳动合同、工作时间与休息休假、劳动报酬、社会保险等方面的内容。《劳动合同法》在此基础上进一步强化了对劳动者权益的保护,加大了对用人单位违法行为的惩处力度。

企业在对人才进行管理的过程中,必须严格遵守《劳动法》《劳动合同法》的相关规定,依法与员工签订书面劳动合同,并严格履行合同义务。企业要尊重员工的休息、休假权,不得强制加班;要按时、足额发放劳动报酬,不得克扣或无故拖欠;要按规定为员工缴纳社会保险，不得瞒报漏报。同时，企业在制定规章制度时，不得违反法律以及相关规定，不得损害员工利益。

2.《就业促进法》

《中华人民共和国就业促进法》（简称《就业促进法》）是为了促进就业、规范就业管理、保障劳动者就业权利而制定的法律。该法规定，用人单位招用人员不得以性别、民族、种族、宗教信仰为由拒绝录用；不得向应聘者收取费用，不得扣押应聘者的身份证等证件；录用女职工时，除国家规定的不适合女性的工种或岗位外，不得以性别为由拒绝录用或者提高录用标准。

企业在招聘的过程中，必须坚持公开、平等、竞争、择优的原则，消除就业歧视，为不同群体提供平等就业机会。比如，对于农村进城务工人员等群体，企业要给予适当的就业帮扶，维护其平等就业权。同时，企业制定的招聘标准要符合岗位的实际需求，不得设置不合理的条件排斥特定群体。

3.《社会保险法》

《中华人民共和国社会保险法》（简称《社会保险法》）是规范社会保险关系，维护公民参加社会保险和享受社会保险待遇等合法权益的法律。该法明确了基本养老、基本医疗、工伤、失业、生育等保险制度，规定了用人单位和个人依法参加社会保险并缴纳相关费用等内容，并对参保登记、保险待遇、基金管理、监督检查等内容做出具体规定。

企业必须及时为员工办理参保登记，按时缴纳各项社会保险费，不得瞒报、漏报或拖欠保险金。对于符合领取条件的员工，企业要主动配合其享受相应的保险待遇。同时，企业还要设立专岗专人负责社保事宜，妥善保管员工个人信息，接受社保部门的监督、检查。

4.《女职工劳动保护特别规定》

《女职工劳动保护特别规定》是为了保护女性职工的健康权益而制定的专门法规。该规定在一般劳动保护的基础上，针对女性的生理特点，对女职工予以特殊关照。该规定禁止安排女职工从事矿山井下、国家规定的第四级体力劳动强度的劳动以及其他禁忌从事的劳动；该规定对怀孕、哺乳期女职工实行特殊的劳动保护，并给予相应的生育津贴和医疗补助。

企业在用工过程中，必须充分考虑女性的生理特点，不得安排其从事危险性高、强度大的工种，要为怀孕、哺乳期女职工提供必要的劳动保护，不得因其怀孕、生育而降低工资、予以辞退等。同时，企业要为女职工设立必要的卫生室、哺乳室等设施，为女职工提供人性化的关怀。

除上述法律法规外，《未成年工特殊保护规定》《残疾人就业条例》《工伤保险条例》等规定也对企业的人才管理提出了具体要求。企业必须全面掌握并严格执行，在合法合规的轨道上开展人才工作。

人才管理法治化是大势所趋。企业要加强法治学习，增强法律意识，建立覆盖人才管理全过程、全领域的合规管理体系。要建立重大人才决策的法律审核机制，规避法律风险；要强化对人才工作的法律监督，及时纠正违法行为；要完善人才违法行为的责任追究机制，让法律成为不可触碰的高压线。人才管理要用法治护航，才能行稳致远。

7.2 保护员工权益

员工是企业的核心资源和宝贵财富，保护员工权益是企业的基本责任。只有切实维护员工的合法权益，才能增强员工的获得感、幸福感和安全感，激发员工的积极性和创造性，实现企业与员工的共同发展。

员工权益保护水平的高低，反映的是企业的社会责任和发展质量，关乎企业的声誉和形象。唯有切实维护员工权益，企业才能以高度负责的态度赢得员工的心，凝聚发展正能量，吸引社会各界支持，实现企业基业长青。保护员工权益既是企业的社会责任，也是企业可持续发展的必要条件，可实现员工与企业双赢。

7.2.1 建立健全员工权益保护制度体系

员工权益保护制度是维护员工权益的重要保障。企业要建立全面、系统的制度体系，为员工权益保护提供制度支撑。

1. 劳动合同管理制度

企业要依法与员工签订劳动合同，明确双方的权利和义务。不得以欺诈、胁迫等方式强迫员工签约。合同内容要合法合规，不得损害员工的利益。合同的订立、履行、变更、解除、终止等都要严格依法进行。

2. 工资福利管理制度

企业要建立科学的工资制度，确保员工的工资不低于当地最低工资标准。实行同工同酬，杜绝性别歧视。如需加班，要合理安排，并足额支付加班工资。不得无故拖欠或克扣员工的工资。要按规定为员工提供法定福利，并为员工缴纳社会保险。

3. 休息休假管理制度

企业要合理安排员工的工作时间，保障员工享有法定节假日、带薪年休假等休息休假权利。不得违法加班，更不得连续加班。员工请事假、病假、婚丧假等，要及时准假。要关心员工的身心健康，防止员工过劳。

4. 职业健康安全管理制度

企业要为员工提供安全卫生的工作环境，要为员工配备必要的劳动防护设施；要定期开展体检，为员工购买工伤保险。对从事有毒有害工种的员工，要缩短工时，提供保健津贴。发生工伤事故时要及时救治，妥善理赔。

5. 民主管理制度

企业要支持工会依法开展工作，维护员工的合法权益。建立职工代表大会制度，保障员工的知情权、参与权、表达权和监督权。企业要保证员工的意见反馈渠道畅通，对于员工的合理诉求要确保及时回应；对于涉及员工切身利益的重大事项，要听取员工意见。

6. 纠纷处理制度

企业要建立劳动争议处理机制，设立专门机构负责调解纠纷。出现劳动争议时，企业要积极与员工协商解决，协商不成的要及时申请仲裁。当员工提起申诉、控告等时，企业要认真对待，及时核实处理。对侵害员工权益的行为，要严肃问责。

7.2.2 强化员工权益保护制度落实

再好的制度也要落到实处才能发挥作用。企业要加大员工权益保护制度的执行力度，确保制度落地生根。

1. 加强制度的宣传和教育

要采取多种形式，向管理者和员工宣传权益保护制度，提高全员的制度意识。要将制度编印成册，确保人手一份。要通过多种宣传方式，加深员工对权益保护制度的理解和认同感。

2. 明确制度的责任主体

要将权益保护制度落实责任、层层分解，明确各级管理者的责任和义务。

要将制度执行情况纳入绩效考核，考核结果与奖惩挂钩。要对违反员工权益保护制度、侵害员工权益的行为严肃追责。

3. 加强制度执行的监督检查

要建立权益保护专项检查制度，由工会、人力资源部等牵头，对员工权益保护制度的执行情况进行定期或不定期检查。要开设员工权益保护投诉热线，及时受理员工投诉。发现问题时要限期整改，整改不力的要严肃问责。

4. 建立违规行为的责任追究机制

要明确侵犯员工权益行为的认定标准和处理措施，对情节严重的，要给予行政、经济处罚；构成犯罪的，要移交司法机关。对管理者失职、渎职导致员工权益受损的，也要严肃追究领导责任。

5. 营造尊重和保护员工权益的企业文化

领导者要带头尊重员工，以身作则，为全员树立榜样。要大力宣扬尊重员工、关爱员工的先进事迹，展示员工的主人翁形象。要倡导平等互信、关怀友爱的新型劳资关系，构建和谐温暖的企业氛围。

总之，保护员工权益不应是企业被动应付的"额外花费"，而应是企业主动作为的"明智投资"。企业只有真正保障员工的权益，让员工分享企业发展的成果，员工才会真正认同企业，全身心投入工作，为企业发展竭诚奉献。

企业要切实加强制度建设，规范管理行为，坚持依法用工，营造尊重员工、信任员工的文化氛围，激发员工参与企业治理的积极性。企业对员工要加强人文关怀，关注员工身心健康，帮助员工解决实际困难，增强员工的认同感和归属感。企业要积极构建和谐的劳动关系，通过真诚沟通、平等协商化解矛盾，最大限度地凝聚员工的力量，共建企业发展命运共同体。

7.3 人才管理中的伦理问题

7.3.1 树立正确的人才管理伦理观念

人才管理伦理观念是处理人才管理中伦理问题的理论和行动指引。企业要从战略高度认识人才管理伦理的重要意义，将伦理责任内化为管理哲学和价值追求。员工是企业最宝贵的资源和财富，企业应坚持以人为本的管理理念，从员工利益出发谋划人才管理，真正做到人尽其才、才尽其用、以才兴业。企业要关注员工的全面发展，创造条件帮助员工提升职业技能，实现人生价值。员工是企业发展的主体力量，企业要充分尊重员工的主体地位，保障员工的知情权、参与权、表达权和监督权。涉及与员工切身利益有关的重大决策时，企业要听取员工的意见，接受员工监督。企业要平等对待每一位员工，坚持平等就业原则，反对任何形式的就业歧视。对于员工的聘用、晋升、考核、奖惩等，企业要坚持德才兼备、任人唯贤、公开公平公正的原则，杜绝任人唯亲、任人唯利的不正之风。

7.3.2 加强人才管理全流程的伦理风险防控

人才管理贯穿员工从招聘到退出的全生命周期，每个环节都存在不同的伦理风险点，都需加强伦理风险防控。

1. 招聘环节

要制定科学、规范的招聘标准，反对性别、年龄等就业歧视，为每一位候选人提供平等竞争的机会。面试、笔试、背景调查等环节要严格保密，不得向无关人员泄露候选人信息。对候选人的录用决定要及时反馈，不得"薅羊毛式"占用面试者、候选人的时间。

2. 培训环节

要尊重员工的培训意愿，根据岗位需求和员工的个人特点制订培训计划。要保证公平分配培训资源，避免对培训机会的私相授受。培训过程中，如需搜集员工的信息，要提前告知员工并征得其同意。培训形式、内容要合法合规，不得教唆员工从事违法行为。

3. 绩效环节

要建立科学、合理的绩效评估体系，明确评估指标、评估标准和评估程序。要客观公正地评价员工的表现，避免主观臆断和偏见误判。要及时向员工反馈评估结果，保障员工的申诉权和救济权。绩效改进措施要尊重员工的意愿，避免简单粗暴的奖惩手段。

4. 晋升环节

要制定透明、公正的晋升制度，使员工的职业发展通道畅通。要为员工提供平等的晋升机会，避免任人唯亲、论资排辈等不公平现象。员工的晋升应以德才表现为依据，不应与员工的私人关系挂钩。要建立有效的监督问责机制，对在晋升中弄虚作假、徇私舞弊的行为要严肃处理。

5. 薪酬环节

要遵循同工同酬原则，禁止任何形式的薪酬歧视。工资水平要与员工的岗位价值相匹配，要与员工的劳动贡献相适应。要建立合理的薪酬结构，避免过度激励导致的内耗和矛盾。工资发放要及时、足额，不得克扣或拖欠。如对薪酬进行调整，要事先向员工说明，不得事后追溯。

6. 考勤环节

考勤制度的设置要合理，避免过于严苛。严禁利用考勤监控设施非法搜集员工的隐私。要尊重不同员工的工作节奏，避免"一刀切"式的僵化管理。要为员工提供必要的工作弹性，包容员工的紧急状况。员工的考勤出现异常时，要耐心了解情况，根据客观情况予以人性化处理。

7. 解雇环节

解雇决定必须建立在合法、合理的事实基础之上，不得无故解雇或违法解雇员工。解雇程序要合规，事先告知员工，听取员工的意见。要对被解雇员工提供一些必要的过渡期帮助。要依法为员工办理离职手续，及时结清员工的工资，要保障员工的合法权益。

<案例>

ZL公司是一家快速成长的互联网公司，主营业务为大数据分析和人工智能解决方案。随着业务的扩展，ZL公司决定引入一套新的员工绩效管理系统——利用人工智能和大数据技术，通过分析员工的工作行为、邮件内容、上网记录以及用摄像头监视员工在岗时长等来评估员工的绩效。然而，这一系统在上线初期就引发了员工的强烈反对，大家担心自己的隐私被侵犯，个人数据被滥用。

面对员工的担忧，公司管理层认为，这套系统能够大幅提升绩效管理的科学性和准确性，有助于识别高潜力人才和改进绩效。他们决定暂时忽视员工的反对，强行推进系统上线。

系统上线后，员工们发现，自己的日常行为无时、无处不被监控，离开工位时间长一些也会被办公软件提醒尽快返岗，甚至连私人邮件和浏览记录也在被监控之列。员工感到自己的隐私权受到了严重侵犯，工作压力倍增，士气低落。最终，员工选择进行集体抗议，要求公司停止使用这套系统，并对侵犯个人隐私的行为进行道歉和整改。

面对员工的集体抗议，管理层意识到问题的严重性。CEO召集高管团队紧急开会，讨论应对方案。会上，CTO（首席技术官）强调系统的技术优势，认为这只是员工在适应期出现的问题，时间长了自然会好转；而人力资源总监则提出，员工的隐私权和心理感受不容忽视，需要尊重员工的意见。

经过反复讨论，管理层最终决定坚持以人为本的理念，暂停使用这套颇具争议的绩效管理系统。他们认识到,人才是企业最宝贵的资产,任何技术工具都不能以牺牲员工的尊严和隐私为代价。

于是,ZL公司采取了以下解决方案与改进措施。

(1)暂停使用系统:公司决定立即暂停使用该系统,并向全体员工道歉,承诺不会再监控任何与工作无关的个人数据。

(2)设立员工隐私保护委员会:委员会由员工代表和管理层共同组成,监督公司在员工隐私保护方面的工作。

(3)透明沟通:定期召开员工大会,向员工通报公司在数据使用和隐私保护方面的政策和措施,增加公司管理的透明度,增强互信。

(4)优化系统设计:在征得员工同意的前提下,重新设计绩效管理系统,仅分析与工作相关的数据,确保不侵犯员工隐私。

(5)心理支持:为员工提供心理支持服务,帮助他们缓解因监控事件引发的压力和焦虑。

通过一段时间的努力,ZL公司重新得到员工的信任。绩效管理系统在尊重员工隐私的前提下,得到了优化和改进,逐渐被员工接受。公司的士气和工作效率也逐步提升。

7.3.3 加强人才管理伦理的教育培训

践行人才管理伦理的关键在于人。企业要高度重视人才管理的伦理教育,提高管理者的伦理修养,培育员工的伦理意识。

在领导层面,管理者的伦理意识和能力直接决定着人才管理伦理的水平。企业应将伦理教育纳入管理者培养体系。伦理教育应作为管理者教育培养的重要内容，结合不同层级管理者的特点，有针对性地开展伦理理论学习、案例剖析、情景模拟等，提高管理者驾驭伦理风险的能力。

在员工层面，企业要强化员工伦理意识的培育。员工是人才管理的对象，更是伦理实践的主体。要对员工伦理教育的内容和形式进行创新，用员工听得懂的语言讲述伦理故事，引导员工在活动中感悟伦理、践行伦理。

企业要健全伦理教育培训机制，将其常态化、制度化。要把伦理教育纳入员工培训的必修课，与业务培训相结合，与员工成长相伴随。要建立伦理教育培训考核评估机制，将参训情况、学习效果作为员工考核晋升的重要依据。

人才管理事关员工的切身利益，容不得伦理失范。企业必须以高度负责的态度，切实加强人才管理过程中的伦理规范。企业要积极营造重伦理、讲操守的文化生态，使尊重员工、善待员工成为全体管理者的自觉追求。

7.4 建立企业良好的社会责任意识和形象

企业社会责任是指企业在创造利润、对股东利益负责的同时，还要承担对员工、消费者、社区和环境的责任。建立良好的企业社会责任意识和形象，有助于企业提升美誉度、赢得发展主动权。企业要把社会责任融入企业发展战略和日常运营中，多通道构建责任生态，形成"内外兼修"的社会责任管理格局。

7.4.1 将社会责任融入企业发展战略

企业要从战略高度认识履行社会责任的重要性，将其内化为企业的价值追求和行为准则。这需要企业在制定发展战略时，系统考虑经济、社会、环境等方面的影响，平衡好各方利益诉求。在承担社会责任方面，企业应做到以下几点。

1. 明确社会责任理念

企业要明确社会责任与企业使命、愿景、价值观的内在逻辑，将"善尽责任、回馈社会"作为企业的终极追求。企业内要凝聚共识，使社会责任成为上下一心、贯穿始终的行动指南。

2. 确立社会责任目标

在明确社会责任理念的基础上，要将宏大的理念细化为具体的社会责任目标。要区分近期目标和远期目标，分别设置经济责任、法律责任、道德责任、慈善责任等不同目标。目标设置要符合"SMART"原则，即要做到具体、可衡量、可实现、相关、有时限。

3. 制定社会责任战略

社会责任目标需要通过系统的战略规划来达成。企业要将社会责任融入发展战略的全过程，在战略分析、战略选择、战略实施等环节充分考虑各利益相关方的期望。要平衡短期利益和长远利益，在谋求自身发展的同时带动各方共同进步。

4. 建立社会责任机制

战略的有效实施，离不开制度、机制的保障。企业要建立社会责任管理体系，将社会责任嵌入治理结构、业务流程、考核评价等各个环节。企业要设立专门的社会责任部门，配备专职人员负责统筹协调。同时，要建立多元参与机制，引入外部利益相关方参与社会责任事务的讨论与决策。

7.4.2 建立企业良好的社会责任形象策略

正如前面提到的,一个负责任的企业不应只局限于追求经济利益,还应主动承担起对社会的责任,用实际行动回馈社会,树立良好的社会责任形象。这不仅是企业应尽的义务,也是提升自身软实力的重要途径。以下是建立和维护企业良好的社会责任形象的一些措施和案例。

1. 积极参与公益活动

企业应该积极投身于社会公益事业,比如捐资助学、扶贫济困、创立扶贫助农项目等。这样既能回馈社会,又能树立良好的品牌形象。

> **＜案例＞**
>
> 腾讯公司通过"腾讯公益"平台,推动企业和员工参与各类公益项目。例如,在每年的"99公益日",腾讯通过配捐等形式激励公众捐款,为公益事业募集了大量资金。这一活动不仅提升了腾讯的企业形象,还增强了员工的社会责任感。以2023年"99公益日"为例,腾讯用募集的资金支持了涵盖教育、医疗、环保等多个领域、数量众多的公益项目。同时,腾讯还鼓励员工参与志愿服务,提供带薪志愿假期,员工对公益活动的参与率逐年提升,形成了良好的企业文化氛围。
>
> 通过积极参与和推动公益活动,腾讯不仅回馈了社会,还树立了关心社会的企业形象,增强了公众对该公司的认可和信任。

2. 重视环境保护

在现代社会，环境保护成为企业社会责任的重要组成部分。企业应当采取措施减少环境污染，推动绿色生产，宣扬绿色理念。

> **＜案例＞**
>
> 宜家（IKEA）致力于实现可持续发展，采取了一系列环保措施，如使用可再生能源、减少碳排放、推广循环利用等。宜家推出了一些环保产品，如由可再生材料制成的家具和无毒涂料。这些举措不仅提升了宜家的环保形象，还吸引了更多注重环保的消费者。宜家还定期发布可持续发展报告，公开其在环境保护方面的进展和目标，赢得了广泛的社会认可。
>
> 宜家的环保措施不仅减少了环境负担，还通过公开、透明的报告赢得了消费者和社会的信任。

3. 保障员工福利

员工是企业最重要的资源，保障员工的福利和权益，是企业社会责任的重要体现。

> **＜案例＞**
>
> 谷歌（Google）以其优越的员工福利而著称，如高薪酬、免费餐饮、健身设施、免费医疗服务、丰富的职业发展机会等。谷歌还设立了专门的员工援助计划（Employee Assistance Program，简称EAP），帮助员工解决生活中的各种问题，包括心理咨询、法律咨询和财务

规划等。这些措施不仅提高了员工的满意度和忠诚度，也树立了谷歌关爱员工的良好形象。谷歌的低员工流失率和高员工满意度，正是其成功践行员工关爱理念的有力证明。

通过提供全面的员工福利，谷歌不仅提高了员工的满意度和忠诚度，还树立了关爱员工的卓越企业形象。

4. 支持社区发展

企业应当关注所在社区的发展，通过各种方式回馈和支持社区。

< 案例 >

星巴克（Starbucks）在全球各地的门店积极参与社区建设，如支持本地教育、提供青年就业培训、推动社区环保项目等。星巴克的"社区门店"计划，旨在帮助社区解决实际问题，具体举措包括在门店附近开展清洁活动、举办社区文化活动、与当地非营利组织合作支持弱势群体等。

通过持续支持社区发展，星巴克不仅提升了品牌的社会责任形象，还建立了与社区居民的紧密联系，赢得了广泛的社会支持和认可。

以上案例展示了企业在社会责任各个方面的具体实践。这些措施不仅改善了企业的运营环境，提升了员工和社会的满意度，还极大地增强了企业的美誉度和品牌形象。

通过积极参与公益活动、重视环境保护、保障员工福利、诚信经营和支持社区发展等，企业能够树立起良好的社会责任形象，从而促进企业的可持续发展。

第 8 章
技术与人才管理的融合

人才
画像
测评
盘点

管理完全
应用手册

当前，人工智能、大数据、云计算等信息技术日新月异，正在深刻改变着社会经济发展形态和企业运行模式。随着互联网时代向智能化时代升级，技术创新也不断为人才管理实践注入新的活力。新技术与人才管理加速深度融合，极大地拓展了人才管理的广度和深度，推动人力资源管理从经验向科学、从事务向价值的转变。企业要顺应技术发展大势，积极将新技术运用到人才管理的各个环节，以技术赋能人才管理，推动企业人力资源转型升级，为企业高质量发展提供坚实的支撑。

第 8 章 技术与人才管理的融合

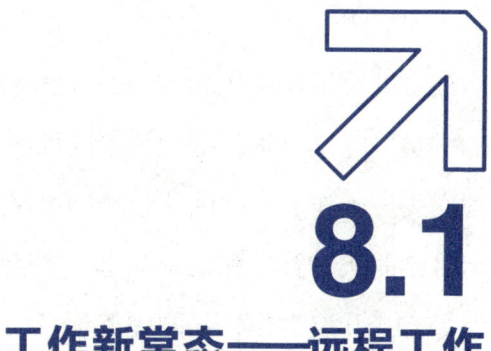

8.1 工作新常态——远程工作

越来越多的企业将传统办公方式与新型办公方式相结合，实行远程工作或者部分实行远程工作，这种办公方式受到员工热捧。可以预见，远程工作将成为趋势，虚拟团队也将更加普及。

8.1.1 远程工作和虚拟团队

远程工作是指员工不在传统的办公场所，而是利用互联网技术，在家中或其他地点完成工作任务的一种工作方式。员工通过电子邮件、即时通信、视频会议等工具与同事和管理者保持沟通，协作完成工作。远程工作打破了工作地点的限制，为员工的工作提供了更大的灵活性和自主性。员工可以根据自己的时间安排或生活节奏安排工作，更好地实现工作与生活的平衡。同时，远程工作也为企业节省了办公场地成本，扩大了人才选择的范围。

虚拟团队是指团队成员分散在不同的地理位置，主要通过电子通信技术进行工作协作和沟通的工作团队。与传统团队相比，虚拟团队的成员可能来自不同部门、不同地区乃至不同国家，并不在同一个物理空间内工作。虚拟团队依托网络平台、协作软件等技术手段，实现跨时空的实时互动和信息共享。团队成员通过视频会议、在线文档协作等方式开展工作，共同完成项目任务。虚拟团队突破了地理边界，能够灵活调配各地的人才资源，提高企业的应变能力和创新能力。

远程工作是个人工作方式的变革，而虚拟团队则是企业协作模式的创新。二者相辅相成，共同构成了数字化时代工作的新形态，也成为企业维持运营、提高韧性的重要手段。

8.1.2 远程工作和虚拟团队的优势

（1）提高工作灵活性：员工可以根据自己的时间安排和生活节奏来安排工作，更好地实现工作与生活的平衡。

（2）扩大人才招募范围：远程工作打破了地域限制，企业可以从更广泛的人才库中选拔人才，不受办公地点的约束。

（3）降低运营成本：远程工作可减少办公场地租赁、员工通勤等成本，节省企业开支。

（4）提升员工满意度：灵活的工作安排能够提高员工的工作满意度和归属感，有利于稳定人才队伍。

8.1.3 虚拟团队和远程工作对人才管理产生的挑战

这种新型的工作方式对现有的人才管理模式是一种挑战，主要体现在以下几点。

（1）绩效管理难度增加：远程工作这种工作方式，管理者难以实时掌握员工的工作状态和进度，给绩效考核带来挑战。

（2）团队协作和沟通不畅：缺乏面对面交流，团队成员之间的协作和沟通可能出现障碍，影响工作效率。

（3）员工敬业度难以把控：在家工作，员工的工作状态和敬业度可能发生变化，管理者难以及时察觉和干预。

（4）企业文化建设受阻：远程工作模式下，员工缺乏直接互动，企业文化的塑造和传承面临困难。

由于远程工作的情况越来越多，企业需积极应对由此带来的人才管理挑战。企业要通过构建信任文化、完善制度流程、创新团队建设等举措，激发员工的工作热情，确保团队高效协作，才能在后疫情时代保持竞争优势，实现可持续发展。

8.1.4 应对远程工作挑战的人才管理策略

（1）建立信任型企业文化：远程工作需要建立在充分信任的基

础上。管理者应给予员工更多自主权，减少微观管控，用结果导向代替过程管控。

（2）完善远程工作制度：建立明确的远程工作政策和规范，包括工作时间、沟通频率、汇报机制等，为员工提供行为指引。

（3）优化绩效管理体系：调整绩效考核指标，将工作成果、团队协作等纳入考核范畴，建立常态化的在线汇报和反馈机制。

（4）加强线上团建活动：定期开展线上团建活动，如视频会议、在线培训、虚拟团队游戏等，增进团队凝聚力。

（5）提供必要的技术支持：为员工配备远程工作所需的硬件设施和软件工具，如云存储、视频会议软件等，确保工作高效开展。

（6）关注员工身心健康：远程工作可能带来孤独感和焦虑感。管理者需关注员工的身心健康，适时给予关怀和支持。

展望未来，远程工作和虚拟团队必将成为企业管理的重要议题。企业要立足长远，把握趋势，在实践中不断探索，积累经验，打造适应时代发展的人才管理模式。唯有如此，才能在不确定性中稳健前行，创造更大价值，实现人才与企业的共同成长。

第 8 章 技术与人才管理的融合

8.2 数字化时代下的人才管理新趋势

1. 从人力资源管理到人才体验管理

在数字化时代,员工不再是被动的"人力资源",而是企业最宝贵的"人才资本"。因此,人才管理的重点需要从"管理"转向"体验"。这就要求企业树立以人才为中心的管理理念,从人才的需求和体验出发,创新管理模式和方法。具体包括以下几个方面。

(1)个性化体验:利用大数据技术,深入洞察每一位员工的个性化需求,为员工提供个性化的职业发展路径、学习资源、福利项目等,让员工感受到企业的"用心"。

(2)赋能式管理:数字化时代,随着员工需求的变化、企业用工模式的变革以及技术进步对工作方式的影响,员工需要更大的自主权和创新空间。管理者需要从"控制"转向"赋能",通过开放平台、众创机制等方式,让员工参与管理,释放创造力。

(3)社交化协作:数字原生代员工更加注重社交网络,习惯于远程协作工作。人才管理需要营造社交化的组织氛围,搭建内外部社交平台，促进知识共享和协作创新。

（4）敏捷化流程：传统的人才管理流程往往较为刚性，有时难以适应快速变化的业务需求。人才管理需要借鉴敏捷开发（以用户的需求进化为核心，采用迭代、循序渐进的方法进行软件开发）的理念，构建快速响应、持续迭代的管理流程。

2. 从人才获取到人才生态构建

在数字化时代，企业对关键人才的竞争日趋激烈，单纯依靠"招聘"已经难以满足人才需求。企业需要从被动的"人才获取"转向主动的"人才生态构建"，利用数字化手段，构建覆盖人才供给、人才发展、人才流动全过程的生态体系。主要包括以下几个方面。

（1）多点布局：企业要联合高校、科研机构、行业组织等，通过人才培养、项目合作等方式，提前布局和培育人才供给渠道。

（2）赋能式发展：人才发展不能局限于"培训"，而是要为员工提供丰富的发展机会和资源，如轮岗、配备导师、在线学习等，赋能员工驱动自我发展。

（3）灵活用工：随着项目制、众包等新型工作方式的兴起，企业需要打破传统的编制限制，要较多地利用在线平台、自由职业者等灵活用工方式，快速匹配人才资源。

（4）与离职人员保持良好互动：有时，员工离职并不意味着在企业中的工作终结，因为他们可能有巨大的人才价值。企业需要与离职员工保持良好互动，扩展人才生态的边界。

3. 从人才战略到组织能力

企业的竞争优势不仅取决于个体人才，更取决于人才的组织方式和组织能力。人才管理需要从静态的"人才战略"升级为动态的"组织能力",通过优化组织结构、创新激励机制等方式,将个体人才整合为组织能力,形成持续竞争优势。具体做法包括以下几个方面。

(1)采取扁平化组织:打破传统的科层制结构,建立扁平化、模块化的组织形态,让人才更好地协作和发挥价值。

(2)灵活化激励:创新薪酬激励模式,可以设立如项目奖金、虚拟股权以及定制福利等,针对不同人才提供差异化、弹性化的激励方案。

(3)敏捷化机制:建立敏捷绩效管理、快速晋升通道等机制,让人才能够快速成长,并实现各类人才能上能下、能进能出。

(4)平台化生态:搭建开放的人才发展平台,吸引外部合作伙伴、自由职业者等多元主体参与,构建跨边界的人才生态。

在数字化时代,人才管理正在发生模式转变(意味着整体性的变革,涉及价值观念、思维方式、学习过程和管理方式等多方面,是一项复杂的系统工程),从"以业务为中心"走向"以人才为中心",从"资源管理"走向"生态经营",从"经验导向"走向"数据驱动",从"个体激励"走向"组织赋能"。唯有顺应变革趋势,创新人才管理模式,企业才能在数字化时代牢牢把握人才这一核心资源,驱动企业可持续发展。

8.3
整顿职场？"Z 世代"人才管理变革

此前，一则"90后员工躺平事件"引发了广泛讨论。在某知名互联网公司，一位90后员工因不满高强度的加班文化，选择了"躺平"——在工位上睡觉、看剧、玩游戏，并拒绝领导安排的超额工作任务。这一事件迅速引爆网络，众说纷纭。支持者认为，这是年轻一代对职场不合理规则的一种抗议。他们呼吁企业应该重视员工的身心健康，摒弃加班文化，创造更加人性化的工作环境。而反对者则认为，这种"躺平"行为有悖职业精神，是不负责任、缺乏工作热情的表现。

"Z世代"（也被称为"互联网世代"，即1995年至2009年出生的人，他们深受数字信息技术、即时通信设备、智能手机产品等的影响）正以其独特的价值观和行为方式影响着职场文化。作为数字时代的"原住民"，他们期待工作能够带来个人成长，工作和生活实现平衡，以及拥有社会影响力。面对"Z世代"员工的特点，企业必须适应新趋势，重塑人才管理模式。

"Z世代"员工往往具备以下特点。

（1）技术敏感：擅长使用数字工具，期待工作场所能与其技能相匹配。

（2）追求个性化：希望工作能兼顾个人兴趣和职业发展，渴望得到个性化的培养和发展机会。

（3）注重工作生活平衡：更加重视个人时间，希望工作能为生活让步，而非牺牲生活。

（4）期待即时反馈：习惯于即时互动，期待工作中能得到及时、频繁的反馈。

（5）关注社会影响力：关注社会议题，希望企业能承担社会责任，他们更愿意在有意义、有影响力的领域工作。

"90后员工躺平事件"给我们敲响了警钟：职场变革势在必行，企业不能再固守传统的管理模式。

结合"Z世代"的特点，企业人才管理不妨考虑向以下几个方向转变。

1. 灵活的工作安排：推行弹性工作制

传统的朝九晚五工作模式已经无法满足新一代员工对工作的自主性和灵活性的要求。企业应积极推行弹性工作制，允许员工在约定的时间范围内自主安排工作时间，并为他们提供远程办公的便利条件。

灵活的工作安排能够帮助"Z世代"员工实现工作与生活的平衡，提高工作满意度和归属感。例如，相继有公司推出"每周4天工作制"，这一举措大大提升了"Z世代"员工的工作热情和创造力。

2. 个性化的职业发展：提供定制化培养方案

"Z世代"员工崇尚个性，希望个人特长和兴趣在工作中得以充分发挥。企业需要根据其特点和诉求，为其提供个性化的职业发展路径，制订有针对性的培养计划。

（1）个性化的培训项目：针对不同岗位和个人特点，为员工提供多元化的培训课程和学习资源，满足"Z世代"员工的个性化学习需求。

（2）定制化的职业发展规划：由专业的职业发展顾问与员工一对一沟通，了解其职业抱负，与其共同制订符合其个人特点的职业发展规划。

（3）多元化的职业发展通道：为员工提供纵向晋升和横向发展的多样化职业通道，鼓励员工基于兴趣和专长进行跨部门、跨领域的尝试。

3. 数字化的工作工具：营造数字原生工作环境

作为数字时代的"原住民"，"Z世代"员工对数字化工作方式有着天然的亲和力。企业要积极顺应这一趋势，大力引入先进的数字化工作工具，营造与"Z世代"员工工作习惯相匹配的数字原生工作环境。

（1）协同办公平台：引入相关协同办公软件，便于"Z世代"员工随时随地进行沟通协作，提高工作效率。

（2）虚拟现实技术：运用VR、AR等技术进行员工培训和团队建设，为员工创造身临其境的学习和互动体验。

（3）人工智能辅助：应用人工智能技术优化工作流程，如智能日程管理、语音助手等，为员工提供更加智能、便捷的工作体验。

4. 开放透明的沟通：建立平等、双向的反馈机制

"Z世代"员工崇尚平等、开放的沟通方式，期待得到及时、频繁的反馈。为此，企业需要建立起开放、透明的沟通渠道，营造平等、互信的反馈环境。

（1）定期进行双向反馈：建立定期的"一对一"反馈机制，主管要与员工定期沟通，既对员工的工作给予反馈，也倾听员工的心声，了解其需求和建议。

（2）开设匿名反馈渠道：鼓励员工大胆表达意见或提出批评、建议。

（3）实行透明的信息共享方式：通过内部社交平台、公开会等方式，与员工充分共享企业的运营信息，增进互信，营造透明、开放的企业文化。

5. 彰显企业社会价值：实施有温度的公益项目

"Z世代"员工高度关注社会议题，希望在工作中实现自我价值和社会价值统一。企业要主动承担社会责任，积极开展与企业使命相契合的公益项目，获得"Z世代"员工的认同。

（1）设立员工公益假：每年为员工提供带薪公益假，鼓励员工利用假期参与志愿服务，回馈社会。

（2）发起社会创新项目：针对社会热点问题，发起社会创新项目，邀请员工参与方案的设计和实施，彰显社会影响力。

（3）可持续发展实践：将可持续发展理念融入企业运营的方方面面，在环保、平权等领域采取实际行动，以获得员工的认同。

8.4 数字化时代人才管理面临的挑战

数字化时代人才管理在发生诸多变革和创造新价值的同时,也面临一些新的挑战和问题。任何新生事物都是一把双刃剑,关键是要辩证看待,扬长避短。

使用数字技术管理人才也可能出现一些挑战。

例如,许多企业都在使用"钉钉"打卡、刷脸打卡等智能考勤系统,员工无论上班还是下班都需要在手机 APP 上打卡,哪怕迟到 1 分钟也会被系统自动记录并计入绩效考核。在某职场交流平台上,曾有一位员工发帖吐槽,自己因为堵车而迟到,虽然只有短短 30 秒,也在系统中产生迟到记录,而且,没有正当理由人力资源部对迟到记录不予取消。冰冷的处理方式容易引发员工们的抱怨和不满。

又如,目前使用的许多大数据绩效管理系统虽然记录员工每一项任务的完成情况,并据此形成详尽的绩效报表,但这样的绩效管理系统并不是没有缺点——员工在工作过程中付出的努力和创新行为被忽视了。这样的"唯数据论"无疑是有失偏颇的,并且会打击员工主动学习的积极性，有时会造成员工只围着数据转的情况。

　　此外，数字化人才管理还面临员工隐私和数据安全的问题。一些企业在开展人才管理和测评时，需要收集员工大量的个人隐私数据，这不仅可能引发员工的担忧，而且一旦发生数据泄露事件，也将给企业声誉造成严重损害。同时，在人才招聘等决策中应用人工智能算法，也可能存在性别、年龄等偏见，影响决策的公平性。更为隐蔽的是，过度依赖数字化手段，可能会无形地弱化管理中的人文关怀。

　　在数字化人才管理的过程中，我们必须警惕技术实践中潜在的负面效应。有时，过度追求管理的精准和高效，反而会伤害员工的情感，引发员工的抵触心理。毕竟，人才管理的核心是"人"，我们不能在算法和数据的冰冷逻辑中忽视人性化的关怀。在推进数字化人才管理的同时，我们还要努力实现技术理性与人文关怀的平衡，才能真正实现人才管理的价值，推动企业的可持续发展。

　　人才管理者在运用数字化工具提升管理效率的同时，也要注重员工的感受，通过沟通、协调、真诚的关怀，使员工产生共鸣。只有以人为本，在人机协作中找到最佳平衡点，数字化人才管理才能体现出真正的优势，真正成为企业发展的助推器。

第 9 章
人才管理的未来发展趋势

随着数字化转型的不断深入，人才管理正面临前所未有的变革和挑战。一方面，数字化时代带来了新技术、新业态、新模式，对人才的能力提出了新要求；另一方面，"Z世代"员工开始进入职场，他们的价值观、行为方式和工作方式与传统员工截然不同。在这一背景下，人才管理必须顺应数字化时代的发展潮流，探索、实践创新的理念和方法，才能有效应对挑战，激发人才活力。本章将探讨数字化时代下人才管理的几个新趋势。

9.1 人才管理在全球化时代的挑战与机遇

全球化浪潮席卷世界，为人才管理带来了前所未有的机遇和挑战。一方面，全球化大大拓宽了人才的视野和舞台。跨国企业蓬勃发展，让员工有机会接触不同国家的文化，在多元文化的环境中成长。远程办公技术的进步，打破了地理位置的限制，让企业可以在全球范围内招揽优秀人才，实现"人尽其才"。因新冠疫情而催生的"云办公"趋势，就是打破地域界限，充分利用全球人才资源的生动例证。另一方面，全球化也给人才管理带来了诸多挑战。首先，文化差异和沟通障碍不容忽视。在跨国团队中，来自不同文化背景的员工在价值观、工作方式等方面存在差异，这些差异如果处理不当，很容易引发员工间的误解和冲突，影响团队协作。比如，在一个中外合资企业中，中方员工习惯于集体主义文化，强调服从领导安排；而外方员工则崇尚个人主义文化，强调自主性。如何在尊重差异的同时找到文化的契合点，是摆在管理者面前的难题。

全球化带来的不确定性，也对人才管理提出了更高要求。贸易摩擦、汇率波动等全球性风险事件频发，给企业的人才战略带来诸多不确定因素。企业需要更加灵活和敏捷地调整人才策略，快速应对外部环境变化。这就要求人力资源部门具备更强的战略洞察力和决策力，能够及时制订和优化人才应对方案。同时，VUCA［是 Volatility（易变性）、Uncertainty（不确定性）、Complexity（复杂性）、Ambiguity（模糊性）这四个英文词的缩写］时代的到来，也要求员工必须具备快速学习和应变的能力。"终身学习"成为每个人的必修课，人力资源部门的员工也需要在企业内营造持续学习的企业文化，为员工提供足够的赋能资源，提升企业的韧性。

此外，全球化时代，人才的期望和诉求日益多元化，对雇主品牌提出了更高要求。"Z 世代"员工崛起，他们更加追求工作的意义和价值，期待得到企业的认可和发展机会。同时，随着人们健康意识的提升，员工也越来越重视身心健康和工作生活平衡。新冠疫情期间，一些知名公司推出"无限期带薪假"等福利政策，就是洞察了员工诉求，用真诚关怀提升雇主品牌形象的典型案例。

总之，在全球化时代，人才管理必须具备全球化视野和智慧，在不确定性中育先机，在多元文化中促融合，在人本关怀中聚人心。唯有紧跟时代，以开放的心态拥抱全球化的机遇与挑战，以智慧和韧性应对环境变化，以真诚关怀满足员工的期望，人才管理才能引领企业在全球化浪潮中乘风破浪，实现基业长青。未来，人才管理将不再局限于一域一国，而是要放眼全球，在更大的舞台上展现智慧和价值。

第 9 章 人才管理的未来发展趋势

9.2 人才管理理念的革新与升华

随着时代的发展和社会的进步，人才管理的理念也在不断革新和升华。未来，人才管理将更加强调"以人为本"，将员工视为企业最宝贵的资产和伙伴，而不仅仅是"人力资源"。这种理念的转变，将从根本上重塑人才管理的思路和实践，推动人才管理实现新的飞跃。

首先，员工体验（Employee Experience）将成为人才管理的核心考量。过去，人才管理更多关注员工的工作绩效和业务贡献，而未来，员工的主观感受和心理需求将受到前所未有的重视。企业将投入更多资源来优化员工体验，通过员工旅程图(Employee Journey Map)等工具，全面梳理员工在企业中的点点滴滴，找出影响员工体验的关键节点，并有针对性地改进。比如，在入职环节，企业可以为新员工量身打造个性化的入职计划，帮助其快速融入企业文化；在发展环节，企业可以为员工提供丰富的学习资源和发展机会，满足其成长需求；在关怀环节，企业可以设计贴心的员工关爱项目，在员工生日、结婚、生育等特殊时刻送上祝福,让员工感受到来自企业的温暖。当员工感到自己是被企业所重视、信任和关怀的,就会更投入地工作,为企业创造价值。

其次,员工的忠诚度将成为人才管理的重要指标。传统的人才管理更加关注员工的履职能力和业绩表现,而未来,员工的主观认同和情感投入将得到更多关注。忠诚度代表了员工与企业之间的心理契约,反映了员工对企业的认同感和奉献程度。忠诚度高的员工,不仅工作投入,而且愿意主动创新,为企业利益出谋划策。相反,忠诚度低的员工虽然明面上也在工作,但更多的是"为赚而干",对于工作和创新的激情相对匮乏。因此,未来的人才管理需要将员工的忠诚度作为重点考核指标,企业要通过满意度测评等方式,实时洞察员工的心理状态。对于忠诚度高的员工,要及时赋能,给予其更大的发展空间;对于忠诚度低的员工,则要深入了解其诉求,关怀其所需,使其体会到工作的意义感和成就感,并可激发其工作的内生动力。

再次,在后疫情时代,人才管理将强调组织弹性和员工福祉。新冠疫情的爆发,催生了远程办公、在线协作等新的工作方式,对组织管理的柔性化、弹性化提出了更高要求。灵活的工作制度、敏捷的组织流程成为适应"新常态"的关键能力。在后疫情时代,人才管理需要将员工福祉放在更加突出的位置,在 EAP(Employee Assistance Program 的简写,员工帮助计划)、健康管理、心理疏导等方面给予员工更多呵护,做员工最坚强的后盾。同时,企业要打造"韧性文化",培养员工的逆境应对能力,帮助其在变局中保持定力,化危为机,重振士气。

最后，多元化与包容性将成为人才管理的重要原则。随着全球化的深入和社会的进步，员工队伍日益呈现多元化特征，不同年龄、性别、文化背景的员工聚在一起，为企业创造价值。如何管理好这支多元化的队伍，发挥"多样性红利"，非常考验人才管理者的智慧。未来，人才管理需要将多元化与包容性上升为战略高度，营造开放包容的企业文化，尊重差异，欣赏多元，为不同背景的员工搭建广阔的发展舞台。比如，可以通过跨文化融合、代际交流等活动增进不同背景员工间的互相理解；可以为女性、少数族裔、残障人士等群体提供平等的就业机会和职业发展通道；可以完善员工申诉机制，为员工畅所欲言创造有心理安全感的环境；等等。唯有如此，才能让每一位员工都感受到被企业平等对待，才能感觉自己是企业大家庭中不可或缺的一员，从而更乐于为企业付出。

总之，展望未来，人才管理理念必将实现革新和升华，"以人为本"不再是口号，而是切切实实的行动；员工不再是"资源"，而是值得信任、呵护的"人"。企业要以开放的心态拥抱变革，以人文的情怀关照员工，以进取的勇气探索未知，推动人才管理理念朝着更加包容、灵活、共生的方向发展。唯有从"管人"转变为"理解人""成就人"，以人为中心重塑管理哲学，人才工作才能焕发蓬勃生机，为企业发展注入不竭动力。站在时代的新起点，人才管理大有可为。

9.3 老龄化时代下人才管理困境

随着人口老龄化加剧，劳动力市场正发生结构性变化。一方面，大量老年员工退出职场，导致劳动力供给减少；另一方面，年轻劳动力的比重下降，为企业补充新鲜血液带来困难。这种失衡势必对企业的人才管理造成冲击。老龄化带来的人才管理挑战主要可以总结为以下几点。

（1）知识传承难：随着大量经验丰富的老员工退休，知识和经验的有效传承成为难题，很多企业面临"青黄不接"的局面。

（2）人才招聘困境：在老龄化背景下，企业招聘适龄员工的难度加大。同时，不同年龄段员工的工作方式和价值观差异明显，如何实现有效融合也是一大挑战。

（3）员工激励不足：老年员工的职业发展空间相对有限，对晋升和加薪的诉求降低，这给企业的激励机制带来新的难题。

（4）职场文化冲突：代际差异有可能使员工在工作理念、沟通方式等方面存在差异，易引发职场文化冲突，影响团队协作。

员工老龄化是人才管理面临的新课题。企业需审时度势，积极采取应对措施。

1. 完善继任计划

大量经验丰富的员工退休，这对企业的知识传承构成挑战。为确保关键岗位平稳过渡，企业需提前制订继任计划。

（1）梳理关键岗位：全面评估各部门的关键岗位，明确这些岗位对企业运营的重要性以及该岗位所需的知识和技能。

（2）甄选继任者：在员工中选拔有潜力的继任者，评估其能力和发展潜力，为其制订个性化的培养方案。

（3）实施"老带新"：安排资深员工带教继任者，通过师徒制、在岗培训等方式，实现经验、技能的传承。

（4）建立知识库：鼓励资深员工将内在知识转化为外部知识，编撰操作手册、案例集等，为继任者提供学习资源。

2. 推行柔性用工

企业可针对老年员工的特点，引入更加灵活的用工方式，实现人尽其才。

（1）弹性工时：允许老年员工选择弹性工作时间，如缩短工作时长、调整上下班时间等，兼顾工作与身心健康。

（2）岗位调整：为老年员工提供难度和强度适宜的岗位，如从管理岗位调整为专家型岗位，发挥其经验优势。

（3）项目制用工：将老年员工纳入项目团队，使其能够发挥丰富的经验，同时拥有更多自主权。

（4）返聘机制：对退休员工实施返聘，聘请其担任顾问、培训师等角色，继续为企业贡献力量。

3. 构建多元团队

老龄化背景下，企业需着力打造多元化团队，促进不同年龄段员工的互补与融合。

（1）跨代组合：在团队建设中，要有意识地搭配不同年龄段员工，既有经验丰富的老员工，也有朝气蓬勃的年轻员工。

（2）互学互鉴：开展"以老带新""以新助老"等活动，鼓励不同年龄段的员工分享彼此的优势，相互学习。

（3）反向辅导：老员工分享经验和见解，年轻员工则提供新思路和数字化技能，实现双向赋能。

（4）包容差异：营造包容的团队文化，尊重不同年龄段员工的工作方式和价值观，化解代际隔阂。

4. 创新激励方式

面对老龄化挑战，传统的激励模式可能失去效力。企业需因材施策，设计差异化的激励措施。

（1）体现价值认同：对老年员工的经验、智慧给予肯定，让其感受到自身的价值，激发其工作热情。

（2）满足个性需求：了解老年员工的特定需求，如健康福利、弹性工时等，设计贴合其需求的福利项目。

（3）搭建成长平台：为有意愿的老年员工提供持续学习的机会，满足其自我提升的需求。

（4）完善评价体系：改进绩效评价体系，纳入知识传承、经验分享等指标，调动老年员工的工作积极性。

5. 营造包容的企业文化

应对老龄化冲击，需要营造兼容并蓄的企业文化，消除代际隔阂。

（1）倡导多元价值观：在企业文化中融入"尊重差异、包容多元"的价值理念，欣赏不同年龄段员工的独特贡献。

（2）开展跨代活动：举办团建、沙龙、主题分享等活动，拉近不同年龄段员工之间的距离，增进相互理解。

（3）构建沟通桥梁：反馈渠道要畅通，鼓励不同年龄段员工表达诉求，及时化解矛盾。

（4）树立典型案例：挖掘跨代际协作的优秀案例，营造学习氛围，发挥示范效应。

当然，具体措施还需根据企业自身特点和发展阶段而定，对症下药、因企制宜方为上策。

9.4 人才管理领域的热点问题与前沿研究

随着时代的发展和技术的进步，人才管理领域也在不断发展、变化，呈现出许多新的热点问题和研究方向。当前，学术界和实务界都在围绕人才管理展开广泛而深入的探索，力图找到驱动企业和个人共同发展的"金钥匙"。

其中，敏捷人才管理（Agile Talent Management）成为热议的话题之一。传统的人才管理思路遵循"预测－计划－执行"的线性逻辑，在当今瞬息万变的 VUCA 时代，这种固化的方式已难以为继。敏捷人才管理强调快速反应、持续优化，通过迭代开发的思维推进人才项目，让人才管理更加灵活应变。例如，IBM 公司摒弃了传统的年度考核，转而采用季度考核，及时掌握员工的工作状态，并对员工的工作给予持续反馈，大大提升了绩效管理的效率和精准度。这一案例引发了学界对敏捷人才管理的广泛关注和研究。

提升员工体验，是另一个备受瞩目的研究领域。随着"以人为本"

理念的深入，企业意识到员工不仅是"人力资源"，更是有血有肉、有情感诉求的"人"。如何在企业中营造积极的员工体验，让员工在工作中感受到被认可、被激励、被关怀，成为人才管理的核心议题。理念、行动领先的企业纷纷成立员工体验部门，从员工视角出发优化管理体系。学界则从心理学、行为学等角度研究影响员工体验的关键因素。比如，盖洛普（GALLUP）公司提出的"Q12"员工敬业度调查，就是一项具有重要学术价值和实践意义的前沿研究，为企业诊断和改进员工体验提供了有力抓手。

人才管理的科技赋能，更是一个方兴未艾的热点领域。大数据、人工智能、区块链等新兴技术在人才管理中的应用，正在成为学界探索的前沿阵地。这些技术的运用，有望极大提升人才管理的精准性和效率。比如，利用大数据技术进行人才画像，就能更加全面地洞察员工的特质；运用 AI 技术辅助甄选人才，则可以降低招聘偏差；将区块链技术应用于员工信息管理，则有助于提升数据安全性。联合利华、中国移动等企业在这一领域的探索实践，为人才管理的科技化变革提供了生动素材，也为相关理论研究提供了鲜活案例。

此外，后疫情时代的人才管理新态势、人才管理的企业文化驱动、管理者的领导力发展等，也都成为当下人才管理研究的热点所在。纵观这些前沿探索，我们可以清晰地看到，人才管理正朝着更加开放、灵活、以人为本的方向发展，技术赋能与人文关怀正在实现交融统一。面向未来，人才管理研究大有可为，唯有立足时代发展，洞察人才需求，运用前沿技术，坚持人本理念，才能推动人才管理在理论和实践上取得新的突破，为企业发展提供坚实的人才支撑。当今时代是一个充满机遇和挑战的时代，站在人才管理研究的前沿，我们唯有以开放的心态拥抱变化，以创新的勇气探索未知，笃行不怠，践行初心，方能书写人才管理发展的崭新篇章。